交通事故外傷と後遺障害全322大辞典

IV

脊柱・その他の
体幹骨の障害／
胸腹部臓器の障害

CD-ROM付　実際に等級を獲得した後遺障害診断書

交通事故110番
宮尾一郎 著
Miyao Ichiro

かもがわ出版

後遺障害診断書30例の解説

本CDには、実際に等級を獲得した30例の後遺障害診断書を収録しています。
また、それぞれに、立証のポイントなどの解説を付けています。

現実の交通事故では、複数の部位を受傷することが日常的であり、実際の後遺障害診断書を解説するとき、部位別に分類・整理することは不可能です。
そこで、すべての傷病名を明らかにして、大雑把に7つに分類しております。
その点をご理解いただければ、なによりの幸いです。

CD-ROMに収録した「実際に等級を獲得した後遺障害診断書」の分類は巻末総もくじの後に掲載しています。

はじめに

私が初めて、『交通事故　後遺障害等級獲得マニュアル』を出版したのは2005年3月です。

2006年3月には、『自動車保険　約款の解説・活用マニュアル』
2009年5月には、『交通事故　後遺障害等級獲得マニュアル改訂増補版』
2011年5月からは、『部位別後遺障害診断書』に取り組み、2014年8月に全6巻を、その間の2014年4月には、『解決のための交通事故チェックリスト』を出版させていただきました。
これも、我慢強く待っていただいた、かもがわ出版のご協力の賜です。
心から感謝しています。

さて、私のNPO交通事故110番としての活動は、ホームページにおける毎日の記事出し、電話・メールによる交通事故相談、週末に全国に出向いての交通事故無料相談会の開催です。

毎月、多くの被害者と面談し、生の声を聞くことにより、回答力を高めているのです。
近年は、被害者が持参されたMRI画像を分析することができるようになり、後遺障害等級を獲得する上での精度が向上し、ボランティア参加の複数弁護士のご協力により、損害賠償の実現でも、大きな成果を挙げています。

毎回、多くの被害者と面談をするたびに、いろいろな交通事故外傷を経験するのですが、

後遺障害とは切り離して、交通事故による外傷性の傷病名はどれだけの数があるのか？
傷病名ごとに予想される後遺障害等級、症状固定時期、後遺障害の立証方法を説明できないか？
レアな傷病名も、実物の後遺障害診断書で解説できれば、現場の医師も助かるのではないか？
これこそが、交通事故の後遺障害を議論する集大成になるのではないか？

そんなことを考え、2013年9月から執筆を開始し、2年7カ月後の2016年4月に執筆を終えました。
大ざっぱな分類で、322の交通事故外傷と後遺障害のキモを説明できました。
本Ⅳ巻には、このうち「脊柱・その他の体幹骨の障害／胸腹部臓器の障害」について収録しています。
実物の後遺障害診断書は、個人情報をデフォルメしてCD-ROMに収録しました。

私の著作物に類書は一冊もありません。
この書籍が、後遺障害の立証の現場で、その後の損害賠償で役立つのであれば、望外の喜びです。

2016年9月
NPO交通事故110番　宮尾　一郎

交通事故外傷と後遺障害全 322 大辞典 Ⅳ
脊柱・その他の体幹骨の障害／胸腹部臓器の障害　　　目　次

- **脊柱の骨折** …… 7
  - 1　骨折の分類 …… 7
  - 2　脊柱の圧迫骨折 …… 9
    - 脊柱の圧迫骨折における後遺障害のキモ？　10
  - 3　脊柱の圧迫骨折　プロレベル1 …… 12
  - 4　脊柱の圧迫骨折　プロレベル2 …… 15
  - 5　脊柱の破裂骨折 …… 18
    - 脊柱の破裂骨折における後遺障害のキモ？　19

- **その他の体幹骨の骨折** …… 20
  - 6　肋骨骨折 …… 20
    - 肋骨骨折における後遺障害のキモ？　21
  - 7　肋骨多発骨折の重症例　外傷性血胸 …… 22
  - 8　肋骨多発骨折の重症例　フレイルチェスト、Flail Chest、動揺胸郭 …… 23
    - フレイルチェストにおける後遺障害のキモ？　24
  - 9　鎖骨骨折（さこつこっせつ） …… 24
    - 鎖骨骨折における後遺障害のキモ？　25
  - 10　肩鎖関節脱臼（けんさかんせつだっきゅう） …… 26
    - 肩鎖関節脱臼における後遺障害のキモ？　27
  - 11　胸鎖関節脱臼（きょうさかんせつだっきゅう） …… 29
    - 胸鎖関節脱臼における後遺障害のキモ？　29
  - 12　肩甲骨骨折（けんこうこつこっせつ） …… 31
    - 肩甲骨骨折における後遺障害のキモ？　33
  - 13　骨盤骨　骨盤の仕組み …… 34
    - 骨盤骨折における後遺障害のキモ？　36
  - 14　骨盤骨折・軽症例 …… 37
  - 15　骨盤骨折・重症例 …… 38
    - 骨盤骨折における後遺障害のキモ？　40

- **胸部の障害** …… 43
  - 1　胸腹部臓器の外傷と後遺障害について …… 43
  - 2　呼吸器の仕組み …… 43
  - 3　肺挫傷（はいざしょう） …… 44
    - 肺挫傷における後遺障害のキモ？　47
  - 4　皮下気腫（ひかきしゅ）、縦隔気腫（じゅうかくきしゅ） …… 49
    - 皮下気腫、縦隔気腫における後遺障害のキモ？　50
  - 5　気管（きかん）・気管支断裂（きかんしだんれつ） …… 51

　　　　気管・気管支断裂における後遺障害のキモ？　52
　6　食道の仕組み　　　　　　　　　　　　　　　　　　　　　　　　　54
　7　外傷性食道破裂　　　　　　　　　　　　　　　　　　　　　　　　55
　8　咽頭外傷　　　　　　　　　　　　　　　　　　　　　　　　　　　57
　　　　外傷性食道破裂、咽頭外傷における後遺障害のキモ？　58
　9　横隔膜の仕組み　　　　　　　　　　　　　　　　　　　　　　　　62
　10　外傷性横隔膜破裂・ヘルニア　　　　　　　　　　　　　　　　　　63
　　　　外傷性横隔膜破裂・ヘルニアにおける後遺障害のキモ？　64
　11　心臓の仕組み　　　　　　　　　　　　　　　　　　　　　　　　　65
　12　心膜損傷、心膜炎　　　　　　　　　　　　　　　　　　　　　　　66
　　　　心膜損傷、心膜炎における後遺障害のキモ？　67
　13　冠動脈の裂傷　　　　　　　　　　　　　　　　　　　　　　　　　68
　　　　冠動脈の裂傷における後遺障害のキモ？　69
　14　心挫傷、心筋挫傷　　　　　　　　　　　　　　　　　　　　　　　71
　　　　心挫傷、心筋挫傷における後遺障害のキモ？　73
　15　心臓・弁の仕組み　　　　　　　　　　　　　　　　　　　　　　　75
　16　心臓・弁の損傷　　　　　　　　　　　　　　　　　　　　　　　　76
　　　　心臓・弁の損傷における後遺障害のキモ？　76
　17　大動脈について　　　　　　　　　　　　　　　　　　　　　　　　79
　18　外傷性大動脈解離　　　　　　　　　　　　　　　　　　　　　　　80
　　　　外傷性大動脈解離における後遺障害のキモ？　83
　19　心肺停止　　　　　　　　　　　　　　　　　　　　　　　　　　　84
　　　　心肺停止における後遺障害のキモ？　85
　20　過換気症候群　　　　　　　　　　　　　　　　　　　　　　　　　85
　　　　過換気症候群における後遺障害のキモ？　87
　21　肺血栓塞栓　　　　　　　　　　　　　　　　　　　　　　　　　　87
　22　肺脂肪塞栓　　　　　　　　　　　　　　　　　　　　　　　　　　88
　　　　肺脂肪塞栓における後遺障害のキモ？　90
　23　外傷性胸部圧迫症　　　　　　　　　　　　　　　　　　　　　　　91
　　　　外傷性胸部圧迫症における後遺障害のキモ？　93

●腹部の障害　　　　　　　　　　　　　　　　　　　　　　　　　　　94
　24　腹部臓器の外傷　　　　　　　　　　　　　　　　　　　　　　　　94
　25　実質臓器・肝損傷　　　　　　　　　　　　　　　　　　　　　　　97
　　　　肝損傷における後遺障害のキモ？　99
　26　実質臓器・胆嚢損傷　　　　　　　　　　　　　　　　　　　　　　100
　27　胆嚢破裂　　　　　　　　　　　　　　　　　　　　　　　　　　　100
　　　　胆嚢破裂における後遺障害のキモ？　102
　28　管腔臓器・肝外胆管損傷　　　　　　　　　　　　　　　　　　　　103
　　　　肝外胆管損傷における後遺障害のキモ？　103
　29　実質臓器・膵臓損傷　　　　　　　　　　　　　　　　　　　　　　104

	膵臓損傷における後遺障害のキモ？ 106	
30	実質臓器・脾臓	110
	脾臓摘出における後遺障害のキモ？ 110	
31	管腔臓器・胃	111
32	外傷性胃破裂	113
	胃の破裂における後遺障害のキモ？ 114	
33	管腔臓器・小腸	116
34	管腔臓器・小腸穿孔	117
	小腸穿孔における後遺障害のキモ？ 117	
35	管腔臓器・大腸	122
36	大腸穿孔・破裂	123
	大腸穿孔、大腸破裂における後遺障害のキモ？ 124	
37	腹壁瘢痕ヘルニア	130
	腹壁瘢痕ヘルニア、腹壁ヘルニアにおける後遺障害のキモ？ 131	
38	腹膜・腸間膜の外傷	132
	腹膜・腸間膜の外傷における後遺障害のキモ？ 133	
39	実質臓器・腎臓	134
40	腎挫傷、腎裂傷、腎破裂、腎茎断裂	135
	腎外傷における後遺障害のキモ？ 137	
41	尿管・膀胱・尿道	139
42	尿管外傷	141
	尿管外傷における後遺障害のキモ？ 142	
43	膀胱の外傷	143
	尿路変向術における後遺障害のキモ？ 144	
44	尿道外傷	147
	尿道外傷における後遺障害のキモ？ 149	
45	外傷性尿道狭窄症	149
46	神経因性膀胱	152
47	尿崩症	153
48	脊髄損傷	154
	神経因性膀胱における後遺障害のキモ？ 156	
49	実質臓器・副腎の損傷	157
	副腎皮質の機能低下における後遺障害のキモ？ 159	
50	急性副腎皮質不全	160
	急性副腎皮質不全における後遺障害のキモ？ 161	
51	男性生殖器	162
	男性の生殖器外傷による後遺障害のキモ？ 163	
52	女性生殖器	165
	女性の生殖器外傷による後遺障害のキモ？ 166	

●脊柱の骨折

1　骨折の分類

交通事故の外傷骨折は、鎖骨、肋骨、指骨、鼻骨、尾骨、橈骨、尺骨、脛骨、腓骨、脊椎骨、頭蓋骨等で発生しています。ここでは、骨折の分類について解説します。

1）開放性による分類

閉鎖性と開放性による分類で、体内で骨折が起きているものを、単純骨折＝閉鎖骨折、骨折した骨が皮膚を突き破り体外に露出しているものを複雑骨折＝開放骨折と呼んでいます。
開放骨折では、骨髄炎等の感染症の危険が高く、単純骨折に比較して重傷です。

「折れ方が複雑な骨折だから、複雑骨折？」明らかな誤解です。
複雑な骨折は、粉砕骨折、破裂骨折などと呼ばれています。
かかる誤解を生じないためには、単純、複雑ではなく、閉鎖骨折と開放骨折と表現すべきです。

2）骨折の方向による分類

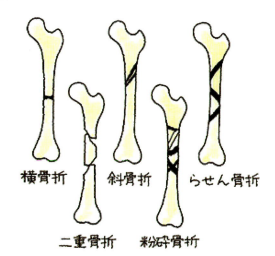

骨折の形状により、横骨折、縦骨折、斜骨折、螺旋骨折と呼ばれています。

3）骨折の部位による分類

これは診断書に傷病名として記載されますから覚えておかなければなりません。

①骨幹部骨折
鎖骨、上腕骨、前腕骨、大腿骨、脛・腓骨のど真ん中の骨折のことです。

②骨端部骨折　（遠位端骨折と近位端骨折）

私は、心臓に近いのが近位端、遠いのが遠位端と覚えていたのですが、正しくは、上・下肢では、体幹に近い方の骨端を近位端、遠い方の骨端を遠位端とし、体幹部では口に近い方の骨端を近位端、肛門に近い方の骨端を遠位端と決められています。
私の方が、覚えやすい？

③関節骨折
肩関節の脱臼骨折、膝関節の高原骨折もしくはプラトー骨折、股関節の後方脱臼骨折が典型例です。

4）外力による分類

①せん断骨折
骨の長軸に対して垂直方向に力が働いたことにより生じた骨折で、横骨折が典型例です。

②圧迫骨折
椎体骨に発生する骨折で、上下方向に過度に圧迫されたことにより生じた骨折です。

③捻転骨折
骨に対し、捻る力が働いたことにより生じた骨折で、螺旋骨折が典型例です。

④屈曲骨折
骨に対し、折り曲げる力が働いたことにより生じた骨折で、二重骨折など複合骨折が典型例です。

⑤剥離骨折
骨に対しては、外力が働いていないが、筋・腱・靭帯などの牽引力によって、その付着部の骨が引き裂かれて生じた骨折のことです。靭帯の付着部が剥がれただけでも剥離骨折と呼んでいます。

あと、骨折の原因による分類として、外傷骨折、疲労骨折、病的骨折があり、
完全性による分類としては完全骨折と不全骨折があります。
不全骨折とは、骨が連続性を失わない状態の骨折のことで、亀裂骨折や、骨膜に損傷がない骨膜下骨折が典型例ですが、覚える必要はありません。

最後に、粉砕骨折と破裂骨折？
医師から、こんな傷病名が告知されたら、被害者は、気絶しそうですが、骨折部位が3つ以上の骨片に分離したときは、粉砕骨折と診断されています。

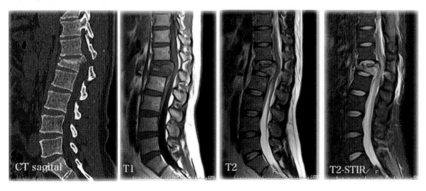

決して粉々に骨折して修復不能ではありませんから、気絶することもありません。

「破裂骨折？　なにが破裂したの、まさか、私の骨が破裂してしまったのですか？」
固定術が必要な重症例ですが、破裂骨折とは、前後の椎体骨が圧迫骨折し、椎体の後方部が突出して脊柱管を圧迫している損傷のことで、破裂して骨が跡形もなくなってしまったのではありません。

2　脊柱の圧迫骨折

自動車の横転や転落、バイク、自転車の転倒で、ドスンと尻もちをついたときに発症しています。
つまり、脊椎を構成する椎体に縦方向の重力がかかると、上下に押しつぶされて圧迫骨折するのです。
好発部位は、第11胸椎、Th11～第2腰椎、L2です。
XPの側面像では、脊椎の椎体前方、腹側が、楔状変形しているのが確認できます。

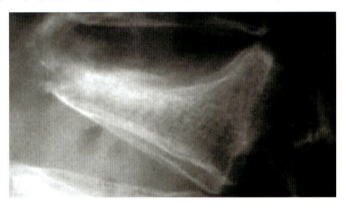

骨粗しょう症が進行している高齢者では、軽微な追突事故であっても、その衝撃で、胸椎や胸椎と腰椎の移行部で圧迫骨折を発症することがあります。
こうなると、損害賠償では、素因減額が議論されることになります。
余談ですが、背中が丸まっている高齢女性がおられますが、これは、老人性円背と言い、胸椎に自然に発症した多発性圧迫骨折を原因としています。

では、圧迫骨折をすると、骨折の形状は、永久に変化しないのでしょうか？
骨を構成する組織は、毎日、吸収＝壊されては、新しく作られています。
圧迫骨折でも、若年者であれば、時間の経過で仮骨が形成され、形状がやや戻ることがあります。

骨粗しょう症は、新陳代謝のバランスが崩れ、吸収＝壊される骨が、新しく作られる骨よりも多くなってしまう疾患のことで、骨密度が減少し骨がもろくなります。

治療は、骨折部が安定していれば、入院下でギプスやコルセットで固定し仮骨形成を待ちます。
骨折部位が不安定なときは、手術が選択されています。
上肢や下肢に麻痺が残ったときは、装具の装着や、リハビリ治療で改善をめざします。

高齢者に起こる圧迫骨折では、治療は短期間のベッド上の安静で骨癒合を待ちますが、コルセットやギプスを巻いて、体動時の痛みをやわらげます。
椎体の骨折の程度が大きく、骨片が椎体の後方の脊髄や神経根を圧迫し、下肢の感覚を失う、力が入ら

ないときは、手術で圧迫された神経を解放します。
骨粗しょう症のレベルが高く、数カ月を経過しても骨癒合が得られず、疼痛が緩和しないときは、人工骨や骨セメントを骨折部へ注入する治療が行われています。

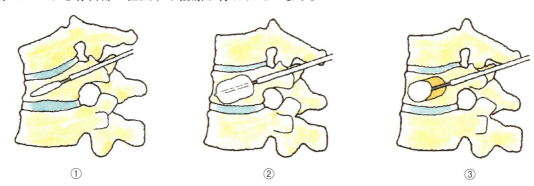

①骨折部分にバルーンの挿入→②バルーンを膨らませ骨折部を持ち上げる→③骨セメントを充填

脊柱の圧迫骨折における後遺障害のキモ？

1）圧迫骨折を脊柱の変形と捉えると、

脊柱の障害　変形障害	
6級5号	脊柱に著しい変形を残すもの、
8級2号	脊柱に中程度の変形を残すもの、
11級7号	脊柱に変形を残すもの、

脊柱の変形障害については、
①脊柱に著しい変形を残すもの、
②脊柱に中程度の変形を残すもの、
③脊柱に変形を残すもの
上記の3段階で等級が認定されており、脊柱に中程度の変形を残すものが新たに追加されました。

最も症例の多い、「脊柱に変形を残すもの、」は、次のいずれかに該当するものです。
□脊椎圧迫骨折等を残しており、そのことがXP等により確認できるもの、
□脊椎固定術が行われたもの、
□3椎以上の脊椎について、椎弓切除術等の椎弓形成術を受けたもの、

ムチウチでも、頚腰部の可動域制限を訴える被害者がいますが、脊柱の変形や運動障害で後遺障害等級が認定されるには、脊柱の圧迫骨折、破裂骨折が認められること、もしくは、脊椎の固定術が実施されていなければなりません。

2）圧迫骨折のレベル？
圧迫骨折では、椎体の25％以上の圧壊が認められることが等級認定の要件です。
日本骨形態計測学会・日本骨代謝学会・日本骨粗鬆症学会・日本医学放射線学会・日本整形外科学会・日本脊椎脊髄病学会・日本骨折治療学会による椎体骨折評価委員会は、「椎体骨折評価基準」を定めています。

2012年度の改訂版によれば、C/A、C/Pのいずれかが0.8未満、またはA/Pが0.75未満の場合を椎体骨折と判定しています。

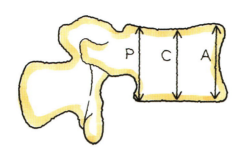

椎体の高さが全体的に減少する、扁平椎では、上位または下位のA、C、Pより各々が20%以上減少しているときを椎体骨折とするとしています。

椎体骨折の形状には、椎体の前縁の高さが減少する楔状椎、椎体の中央がへこむ魚椎、椎体の全体にわたって高さが減少する扁平椎の3つがあります。
外傷性の圧迫骨折は、圧倒的に楔状椎変形ですから、A/P比で25%以上と解説しています。

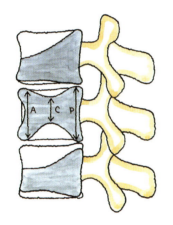

楔状椎
椎体の前縁の高さが減少

魚椎
椎体の中央がへこむ変形

扁平椎
椎体の全体にわたって
高さが減少する変形

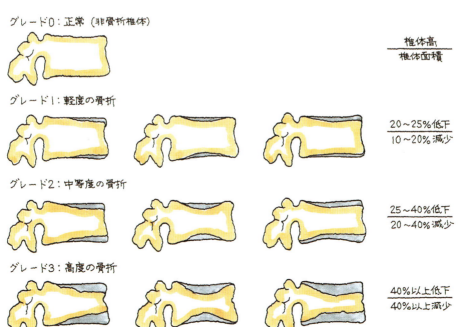

ネットでは、どこにもそのような記載がなく、交通事故110番の創作と叩かれています？
確かに、労災保険の障害認定必携や自賠責保険の規定集にも25％の説明はありません。
先の評価基準と私の35年以上の経験則から判断しています。
椎体が、ホンの少し凹変形したものも、医学的には圧迫骨折ですが、等級の認定はありません。

3）新鮮骨折か、陳旧性か？
骨粗しょう症の高齢者では、尻もちをついただけでも脆弱性の圧迫骨折を発症することがあります。
そこで損保料率算出機構調査事務所は、新鮮な骨折か、それとも陳旧性のものかに注目しています。
陳旧性と判断されたときは、等級は非該当になります。

第11胸椎圧迫骨折

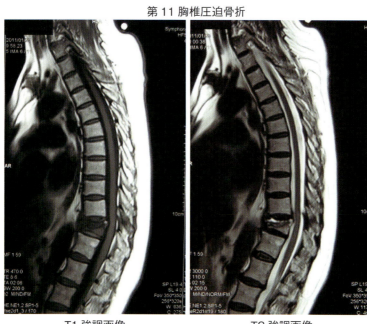

T1強調画像　　　　　　T2強調画像

新鮮な圧迫骨折のMRIでは、椎体は出血により他の椎体と違う濃度で描出されます。
元からあった陳旧性骨折か、新鮮骨折かの判断は、受傷直後のMRIで判断ができるのです。

上記は、62歳女性の第11胸椎圧迫骨折のMRI画像、新鮮骨折ですが、左のT1強調画像では、黒く描出されており、右のT2強調画像では、一部が白く描出されています。
このことを専門的には、T1強調において低輝度、T2強調において高輝度がみられると言います。
圧迫骨折では、受傷直後のMRIにより、新鮮骨折であることを証明しておかなければなりません。

3　脊柱の圧迫骨折　プロレベル1

脊柱に著しい変形を残すもの？

脊柱の障害　変形障害	
6級5号	脊柱に著しい変形を残すもの、
8級2号	脊柱に中程度の変形を残すもの、
11級7号	脊柱に変形を残すもの、

脊柱に著しい変形を残すものとは、XP、CT、MRI画像により、脊椎圧迫骨折等を確認することができ

るときであって、次のいずれかに該当するものです。

脊柱圧迫骨折等により2つ以上の椎体の前方椎体高が著しく減少し、後弯が生じているもの、
前方椎体高が著しく減少したとは、減少したすべての椎体の後方椎体高の合計と減少後の前方椎体高の合計との差が、減少した椎体の後方椎体高の1個当たりの高さ以上のものです。

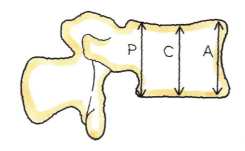

□3つの椎体の圧迫骨折で、前方椎体高が減少した？
3つの椎体の後方椎体高が120mm、前方椎体高が70mmのとき、その差は50mmとなります。
1つの椎体の後方椎体高は、120mm÷3＝40mmですから、6級5号が認定されます。

□脊柱圧迫骨折等により1つ以上の椎体の前方椎体高が減少し、後弯が生ずるとともに、コブ法による側弯度が50°以上となっているもの？
前方椎体高が減少したとは、減少したすべての椎体の後方椎体高の合計と減少後の前方椎体高の合計との差が、減少した椎体の後方椎体高の1個当たりの高さの50％以上であるものを言います。

□2つの椎体の圧迫骨折等で前方椎体高が減少した？
2つの椎体の後方椎体高の合計が80mm、前方椎体高が55mmのとき、その差は25mmとなります。
1つの椎体の後方椎体高は、80mm÷2＝40mmの50％は、20mmとなります。
こんなときは、コブ法による側弯度が50°以上であれば、6級5号が認定されます。

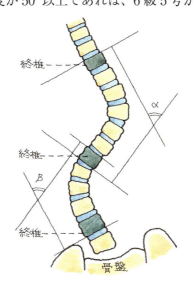

※コブ法とは、XPにより、脊柱のカーブの頭側および尾側においてそれぞれ水平面から最も傾いている脊椎を求め、頭側で最も傾いている脊椎の椎体上縁の延長線と尾側で最も傾いている脊椎の椎体の下縁の延長線が交わる角度、側弯度を測定する方法のことです。

脊柱の後弯の程度は、脊椎圧迫骨折や脱臼により前方椎体高が減少したときに減少した前方椎体高と当該椎体の後方椎体高の高さを比較することにより判定されています。
また、脊柱の側弯は、コブ法による側弯度で判定されます。
なお、後弯または側弯が頚椎から胸腰部にまたがって生じているときには、上記にかかわらず、後弯については、前方の椎体高が減少したすべての脊椎の前方椎体高の減少の程度により、また、側弯については、その全体の角度により判定されています。

脊柱に中程度の変形を残すもの？

脊柱の障害　変形障害	
6級5号	脊柱に著しい変形を残すもの、
8級2号	脊柱に中程度の変形を残すもの、
11級7号	脊柱に変形を残すもの、

脊柱に中程度の変形を残すものとは、XP等により脊椎圧迫骨折等を確認することができるときであって、次のいずれかに該当するものです。

□脊柱圧迫骨折等により1つ以上の椎体の前方椎体高が減少し、後弯が生じているもの、

□コブ法による側弯度が50°以上であるもの、

□環椎または軸椎の変形・固定により、次のいずれかに該当するもの、
A　60°以上の回旋位となっているもの、
B　50°以上の屈曲位または60°以上の伸展位となっているもの、
C　側屈位となっており、XP等により、矯正位の頭蓋底部両端を結んだ線と軸椎下面との平行線が交わる角度が30°以上の斜位となっていることが確認できるもの、

このうち、AおよびBについては、軸椎以下の脊柱を可動させず、当該被害者にとっての自然な肢位で、回旋位または屈曲・伸展位の角度を測定します。

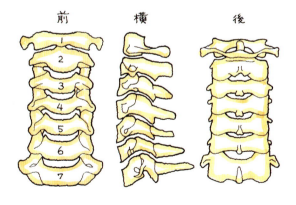

第1頚椎、C1は環椎、Atlas、C2は軸椎、Axisと呼ばれています。
環椎と軸椎は脊柱の中、先頭を切る位置を占めています。
後頭骨/環椎、環椎/軸椎の2ヵ所の骨間だけは椎間板が存在しません。
椎体と椎体をつなぐ線維輪による連結と運動の制約がないので、自由で大きな関節運動ができます。

頚椎の回旋運動可動域の２分の１を後頭/環椎、環椎/軸椎の上位頚椎が演じています。
可動域が大きいということは、逆に障害を受けやすい不安定な部位とも言えるのです。

※環椎または軸椎は、頚椎全体による可動範囲の相当の割合を担っています。
そのため、環椎または軸椎が脊椎圧迫骨折等により変形して固定となり、または環椎と軸椎の固定術が行われたために、環椎または軸椎の可動性がほとんど失われると、頚椎全体の可動範囲も大きく制限され、上記に該当する変形・固定となると、脊柱の運動障害８級２号にも該当するケースがほとんどとなります。なお、環椎または軸椎が変形・固定していることについては、最大矯正位のXPで最もよく確認することができます。

脊柱に著しい変形を残すもの、および、脊柱に中程度の変形を残すものは、脊柱の後弯または側弯の程度により等級が認定されており、変形だけが注目されているのではありません。

４　脊柱の圧迫骨折　プロレベル２

脊柱の運動障害？

	脊柱の障害　運動障害
６級５号	脊柱に著しい運動障害を残すもの、
８級２号	脊柱に運動障害を残すもの、

□XP等では、脊椎圧迫骨折等または脊椎固定術が認められず、また、項背腰部軟部組織の器質的変化も認められず、単に、疼痛のために運動障害を残すものは、局部の神経症状としての扱いで、常識的には後遺障害等級の認定はありません。

□脊柱に著しい運動障害を残すものとは、次のいずれかにより頚部および胸腰部が強直したものを言います。

A　**頚椎および胸腰椎のそれぞれに脊椎圧迫骨折等が存しており、それがXP等により確認できるもの、**
B　**頚椎および胸腰椎のそれぞれに脊椎固定術が行われたもの、**
C　**項背腰部軟部組織に明らかな器質的変化が認められるもの、**

□脊柱に運動障害を残すものとは、次のいずれかに該当するものを言います。
A　**頚部または胸腰部の可動域が参考可動域角度の２分の１以下に制限されたもの、**
B　**頚椎または胸腰椎に脊椎圧迫骨折等を残しており、そのことがXP等により確認できるもの、**
C　**頚椎または胸腰椎に脊椎固定術が行われたもの、**
D　**項背腰部軟部組織に明らかな器質的変化が認められるもの、**

E　**頭蓋・上位頚椎間に著しい異常可動性が生じたもの、**

F　荷重機能の障害については、その原因が明らかに認められるときであって、そのために頚部および

腰部の両方の保持に困難があり、常に硬性補装具を必要とするものを6級5号、頚部または腰部のいずれかの保持に困難があり、常に硬性補装具を必要とするものを8級2号の運動障害としてそれぞれ取り扱われています。

※荷重障害の原因が明らかに認められるとは、脊椎圧迫骨折・脱臼、脊椎を支える筋肉の麻痺または項背腰部軟部組織の明らかな器質性変化があり、XP等により確認できることを言います。

脊柱の運動機能の評価および測定

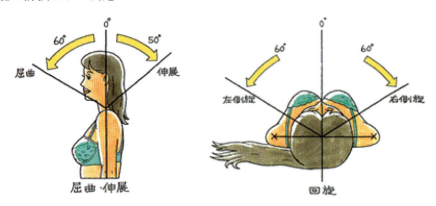

部位・等級	主要運動				参考運動
頚椎	前屈	後屈	左・右回旋	合計	左・右側屈
正常値	60	50	各70	250	50
6級5号	10	5	各10	35	5
8級2号	30	25	各35	125	25
11級7号	可動域に関係なく脊柱の変形で認定されています。				

参考運動　左右の側屈

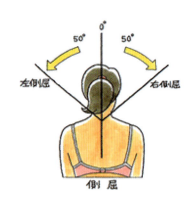

部位・等級	主要運動			参考運動	
胸腰椎	前屈	後屈	合計	左・右回旋	左・右側屈
正常値	45	30	75	各40	各50
6級5号	5	5	10	5	5
8級2号	25	15	40	20	25
11級7号	可動域に関係なく脊柱の変形で認定されています。				

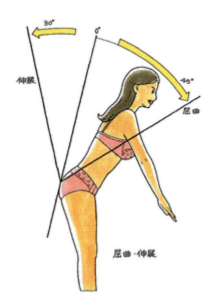

参考運動　左右の回旋と側屈

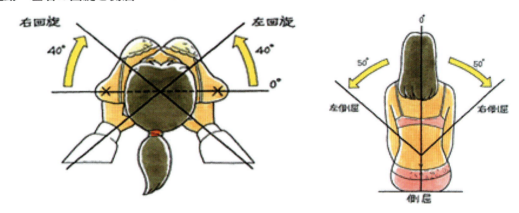

関節可動域の比較の方法

関節機能障害の認定に際しては、障害を残す関節の可動域を測定し、原則として健側の可動域角度と比較することにより、可動域制限の程度が評価されています。

ただし、脊柱では、日本整形外科学会および日本リハビリテーション医学界により決定された、「関節可動域表示ならびに測定法」と比較することにより評価されています。

参考運動が評価の対象とされるとき

頚椎または胸腰椎の主要運動の可動域制限が参考可動域角度の２分の１をわずかに上回るときに、頚椎または胸腰椎の参考運動が２分の１以下に制限されているときは、頚椎または胸腰椎の運動障害として認定されます。

上記のわずかにとは、原則として5°とされています。

ただし、脊柱の屈曲・伸展、左右回旋の主要運動について、脊柱の運動障害を判定するときは10°とされています。

5　脊柱の破裂骨折

脊柱の圧迫骨折は、椎体の前方壁が楔状骨折するもので、多くは、脊髄神経には影響を与えません。
ところが、破裂骨折は椎体の前方の壁だけではなく、後方の壁も圧迫骨折しており、交通事故では、ほとんどのケースで、脊髄症状、麻痺、しびれ、脚の痛みなど、重篤な症状を示します。
これらは胸椎下部〜腰椎上部に多く発生しています。

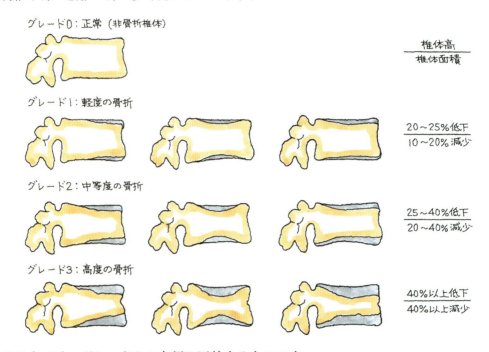

上記のイラストでは、グレード3の右側に匹敵するものです。

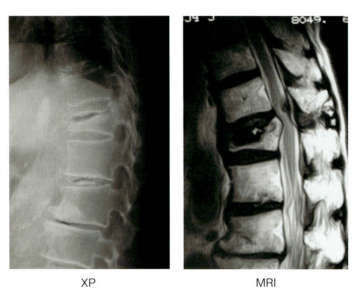

通常はXPとMRI検査が実施されています。
骨の形が保たれていても、MRIでは輝度に変化があり、骨折と診断できます。
複数の椎体骨折であっても、MRIでは、陳旧性骨折なのか、新鮮骨折なのか、診断ができます。

交通事故による脊柱の破裂骨折では、ほとんどが、緊急手術による固定が選択されています。

●脊柱の骨折

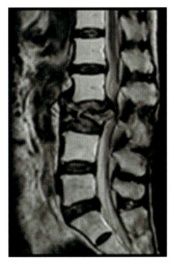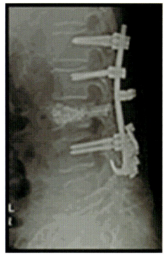

骨粗しょう症が進行している高齢者の破裂骨折では、経皮的椎体形成術が行われています。
骨折した椎体の中に骨セメントを注入して椎体を安定させるというもので、椎体の中に挿入するものには、セメントのほか、リン酸カルシウム骨セメント、ハイドロキシアパタイト＝骨の主成分のブロックなどがあります。

脊柱の破裂骨折における後遺障害のキモ？

1）脊柱の破裂骨折では、多くが、受傷直後に緊急オペで固定されています。
固定術を受けており、11級7号は、ほぼ自動的に認定されるのですが、それで安心して放置するのでは、とても、後遺障害のプロとは言えません。
当然に、著しい変形なのか、中程度の変形であるのか、つまり、6級5号、もしくは8級2号の可能性について、画像から真剣に検証することになります。

同じことは、脊柱の運動障害の観点からも、アプローチをしなければなりません。

2）脊柱の破裂骨折で固定術が実施された背景には、脊髄損傷を最小限にする目的があります。
術後の被害者に、上・下肢の麻痺、強烈なしびれ、上・下肢の疼痛、排尿障害など、重篤な脊髄症状が残存していれば、神経系統の機能障害で等級の獲得をめざす必要があります。
障害の程度により、9級10号、7級4号、5級2号が選択されています。
膀胱機能障害は、併合の対象となります。

後遺障害の立証では、後遺障害診断書以外に、「脊髄症状判定用」の用紙を提出し、肩・肘機能、手指機能、下肢機能、上肢・下肢・体幹の知覚機能、膀胱機能、日常生活状況について、検査と結果の記載をお願いしなければなりません。
排尿障害は、ウロダイナミクス検査で立証することになります。

チーム110の仲間は、事前に脊髄症状のチェックを行い、日常生活状況については、被害者の職業上の具体的な支障を記載した書面を主治医に提示しています。
ここまで明らかにしないと、めざす等級の獲得はできません。

●その他の体幹骨の骨折

6　肋骨骨折

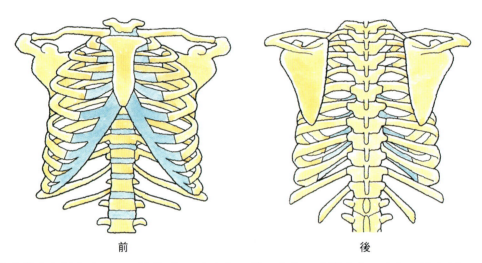

前　　　　　　　　　　　　　後

図左は、胸を前から見たもので、肋骨は12本あり、籠のように内臓を守るように取り囲んでいます。
胸骨という胸の前の骨とくっついて、胸郭を形成しています。
胸骨に接しているブルーの部分は軟骨なので、柔軟性があります。
胸郭は息を吸ったときに広がり、吐いたときには縮み、衝撃を受けたときにはたわんで力を吸収します。
肋骨にも、そのような動きがあります。
肋骨骨折は、身体の横側からの外力、前後から圧力が加わることで発症しています。

図右は、胸を背中側から見たものです。
胸郭の上の部分には、肩甲骨が乗っています。
腕を動かしたときに、肩甲骨も動き、胸郭との間の関節でなめらかな動きがあるときはスムーズに腕も動きます。このように、肋骨は身体のあらゆる部分に影響を与えています。

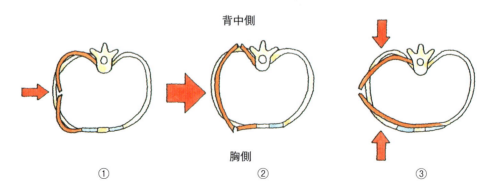

①直接的な外力で、骨折する、
②側方からの外力で、胸側、あるいは背中側で骨折する、

③外力が胸側、または背中側からの外力で、別の場所で骨折する、

先のイラストは、胸郭を輪切りにしたものです。
肋骨骨折は、その形状から、さまざまな受傷機転で起こります。
1カ所の骨折にとどまらず、多発骨折に至ることもあります。
症状は、肋骨部の強い圧痛、また深呼吸や咳、くしゃみなどで胸郭が動いたときに痛みが増強します。
高齢者では、くしゃみをしたときや、振り返ろうと身体を捻ったときなどささいなことで、肋骨骨折を生じることもあります。
また、胸を打撲して痛みがあるときは、甘く見ないで、整形外科を受診しなければなりません。
肋骨そのものをギプスで固定することはできません。
治療としては、バストバンドで固定します。

肺の一部に血がたまる血胸になると、被害者は、息苦しさを訴えます。
このときは、パルスオキシメーターで、人差し指を挟み、末梢まで酸素がどれだけ送り届けられているのか、検査を行います。

パルスオキシメーター

これは酸素飽和度といって、動脈血にどれぐらいの酸素があるのかを数値化するものです。
正常では、酸素飽和度は90％以上とされています。
それ以下では、入院が指示されます。

肋骨骨折における後遺障害のキモ？

1）肋骨は体幹骨ですから、変形が裸体で確認できれば12級5号が認定されます。
左右横側の多発肋骨骨折では、これらの変形が確認できることがあります。
デブで目立たないときには、ダイエットを指示しなければなりません。
ただし、胸部前側での骨折では、特に女性の場合、バストに隠れて確認することができません。
そんなときは、あきらめることになりますが、多発骨折では、骨折部痛を訴えることがあります。
3DCTで肋骨の変形癒合を立証し、痛みの神経症状で14級9号をめざします。

2）胸部前側で、肋骨が胸骨と接する部分は軟骨で形成されています。
衝撃を受けたとき、軟骨部で肋骨がたわむことにより、肺や心臓を保護しているのです。
この肋軟骨部の骨折では、ジクジクとした痛みを残します。
こんなときは、骨シンチグラフィー検査を受けます。
放射性同位元素が肋軟骨骨折部に集積している像が確認できたときは、肋軟骨骨折を他覚的検査で立証したことになり、痛みの神経症状は、14級9号として評価されています。
XPでは、軟骨は確認できません。

痛みを訴えても、骨シンチグラフィーで立証しない限り、等級の認定はありません。

7　肋骨多発骨折の重症例　外傷性血胸

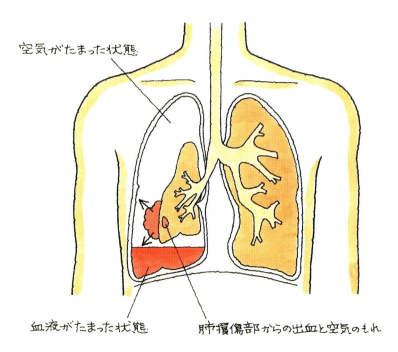

胸腔内の内圧は外気圧より低くなっており、外傷により、外から空気が入り込む、あるいは血液が貯留すると肺は虚脱、縮小し、強い呼吸障害を起こします。
空気が入り込むのが気胸、血液が貯留すると血胸、2つが合併していれば血気胸と呼ばれます。

交通事故では、骨折した肋骨が胸膜を突き破り、血気胸を発症することが一般的です。
胸部痛、呼吸困難、チアノーゼ、顔面蒼白、頻脈、四肢冷汗・冷感などの症状で大騒ぎになりますが、胸腔穿刺で空気を排除、腹腔ドレナージで血液を排出、胸壁創を縫合閉鎖すれば治療は完了します。

血気胸の治療後に肺が萎縮し、呼吸障害を残したときは、後遺障害の対象となりますが、未だに経験しておらず、血気胸で後遺障害を残すことはないと楽観視しています。

●その他の体幹骨の骨折

8　肋骨多発骨折の重症例　フレイルチェスト、Flail Chest、動揺胸郭

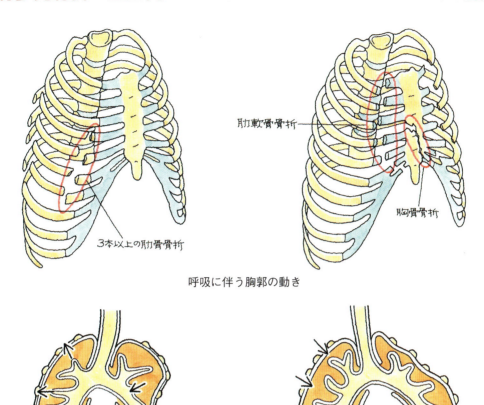

呼吸に伴う胸郭の動き

吸気　　　　　　　　　呼気

多発肋骨骨折のうち、
①連続する3本以上の肋骨が、それぞれ2カ所以上で骨折したとき、
②胸骨骨折に両側肋軟骨骨折を合併するとき、

胸郭全体との連続性を断たれ、正常の呼吸運動と逆の動き、すなわち吸気時に陥没、呼気時に突出するという奇異な呼吸を呈することがあります。
これを、フレイルチェストと呼んでいます。
フレイルチェストは、胸部外傷の中でも最も重症例で、重い呼吸不全から死に至ることがあります。

フレイルチェストは、大きな外力が胸部に作用して発生するもので、交通外傷や高所からの墜落、あるいは、挟圧外傷＝挟み込まれたことによる外傷に伴ってみられます。

胸部打撲後の胸痛、呼吸困難、血痰、皮膚が紫色になるチアノーゼ、皮下気腫などです。
呼吸運動を観察すると、シーソー呼吸＝奇異呼吸がみられるほか、損傷部に手を当てると、肋骨骨折に伴う軋轢音を感じます。

胸腔内の合併損傷を診断する目的で、胸部の視診、触診、聴診、打診を行ったのち、血液検査、胸部単純Ｘ線撮影、ＣＴ検査などが行われます。

フレイルチェストの治療は、気管挿管または気管切開を行い、陽圧人工呼吸を２～３週間続けることにより、肋骨骨折部を内側から固定し、胸郭の整復と骨癒合を達成する人工呼吸療法が行われています。

長期の人工呼吸管理では、肺の合併症が最大の問題となるところから、人工呼吸器を使用しないで、オペによる固定も行われています。

フレイルチェストにおける後遺障害のキモ？

フレイルチェストは、肋骨骨折では重症例ですが、的確な治療が実施されれば、後遺障害を残すことは少ないようです。

４年前、43歳の男性で、この症例を経験しています。
普通乗用車の助手席に同乗中の事故で、右折中に、対向直進車の衝突を受けたものです。
傷病名は、左第２～６肋骨骨折、左肺挫傷、左鎖骨遠位端骨折、左肩甲骨骨折で重傷でした。
左第３～６肋骨骨折で、フレイルチェストとなっていました。

治療は、集中治療室、ICUにて、気管挿管で陽圧人工呼吸管理が続けられました。
左肺全体に肺挫傷をきたしており、主治医も酸素化が維持できるかを懸念していたのですが、２週間で抜管できるまでに回復しました。

受傷から６カ月で症状固定、左鎖骨遠位端部の変形で12級５号、左肩関節の運動制限で10級10号、併合９級の認定となりました。
陽圧人工呼吸管理によるフレイルチェストの治療が優先されたことにより、左肩関節の可動域に２分の１以上の運動制限を残したもので、これは救命の観点から、やむを得ないと思われます。

被害者は、軽度な呼吸機能の低下を訴えており、スパイロメトリー検査、運動負荷試験で立証の努力を続けたのですが、いずれも認定基準に達するものではなく、断念しました。

9　鎖骨骨折

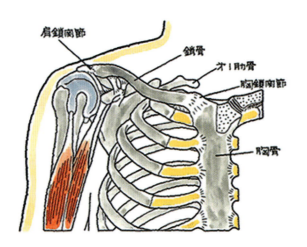

● その他の体幹骨の骨折

鎖骨骨折は、交通事故では、ムチウチに次いで多発しています。
自転車やバイクVS自動車の交通事故で、被害者が転倒、手・肘・肩などを打撲したときに、その衝撃が鎖骨に伝わって、鎖骨骨折を発症しています。
追突、出合い頭衝突、正面衝突では、シートベルトの圧迫で鎖骨が骨折することもあります。

鎖骨の横断面は、中央部から外側に向かって三角形の骨が、薄っぺらく扁平していきます。
三角形から扁平に骨が移行する部位が鎖骨のウイークポイントであり、鎖骨骨折の80％が、その部位で発生しています。この部位は、より肩関節に近いところから、遠位端骨折と呼ばれています。
その次の好発部位は、肩鎖関節部です。
肩鎖靭帯が断裂することにより、肩鎖関節は脱臼し、鎖骨は上方に飛び上がります。

治療は、ほとんどがオペによらず、固定による保存療法が選択されています。
胸を張り、肩をできる限り後上方に引くようにして、クラビクルバンドを装着、固定します。

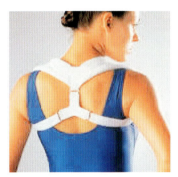

クラビクルバンド

一般的には、成人で4～6週間の固定で、骨折部の骨癒合が得られます。

鎖骨骨折における後遺障害のキモ？

1）鎖骨は体幹骨であり、体幹骨の変形として12級5号の認定が予想されます。
裸体で変形が確認できることが、認定の要件です。

鎖骨の変形では、骨折部に運動痛があるか、ないか？　ここが重要なポイントになります。
体幹骨の変形による12級5号では、骨折部の疼痛も周辺症状として含まれてしまいます。
つまり、疼痛の神経症状で12級13号が認定され、併合11級となることはないのです。

なんの痛みもなければ、変形で12級5号が認定されても、逸失利益のカウントはありません。
しかし、運動痛が認められていれば、10～15年程度の逸失利益が期待できます。
変形に伴う痛みは、鎖骨骨折部のCT、3D撮影で骨癒合状況を明らかにして、立証しています。
骨癒合が完璧で、それでも痛い？　こんな嘘が、まかり通る世の中ではありません。
この辺りが、奥の深いところです。

2）鎖骨の遠位端骨折部の変形により、肩関節の可動域に影響を与えることが予想されます。
こうなると、鎖骨の変形以外に、肩関節の機能障害が後遺障害の対象となります。

となれば、骨折部位の変形をCT、3Dで立証しなければなりません。

左右差で、4分の3以下であれば、12級6号が認定され、先の変形による12級5号と併合され、併合11級が認定されるのです。

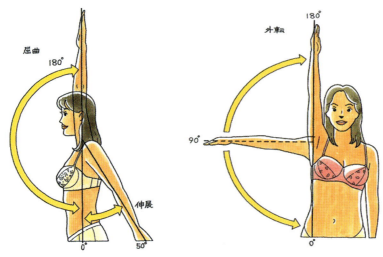

部位	主要運動				参考運動		
肩関節	屈曲	外転	内転	合計	伸展	外旋	内旋
正常値	180°	180°	0°	360°	50°	60°	80°
8級6号	20°	20°	0°	40°			
10級10号	90°	90°	0°	180°	25°	30°	40°
12級6号	135°	135°	0°	270°	40°	45°	60°

主要運動が複数ある肩関節の機能障害については、屈曲と、外転＋内転のいずれか一方の主要運動の可動域が、健側の2分の1以下に制限されているときは、肩関節の機能に著しい障害を残すものとして10級10号、同じく、4分の3以下に制限されているときは、肩関節の機能に障害を残すものとして12級6号が認定されています。

屈曲と、外転＋内転が、切り離して認定されていることに注目してください。

10　肩鎖関節脱臼（けんさかんせつだっきゅう）

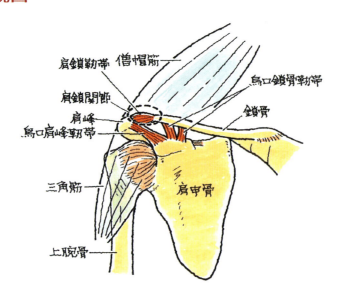

肩鎖関節脱臼のグレード		
Ⅰ	捻挫	肩鎖靭帯の部分損傷、烏口鎖骨靭帯、三角筋・僧帽筋は正常、XPでは、異常は認められません。
Ⅱ	亜脱臼	肩鎖靭帯が断裂、烏口鎖骨靭帯は部分損傷、三角筋・僧帽筋は正常です。XPでは、関節のすきまが拡大し鎖骨遠位端が少し上にズレています。
Ⅲ	脱臼	肩鎖靭帯、烏口鎖骨靭帯ともに断裂、三角筋・僧帽筋は鎖骨の端から外れていることが多く、XPでは、鎖骨遠位端が完全に上にズレています。
Ⅳ	後方脱臼	肩鎖靭帯、烏口鎖骨靭帯ともに断裂、三角筋・僧帽筋は鎖骨の端から外れている。鎖骨遠位端が後ろにズレている脱臼です。
Ⅴ	高度脱臼	Ⅲ型の程度の強いもの、肩鎖靭帯、烏口鎖骨靭帯ともに断裂、三角筋・僧帽筋は鎖骨の外側3分の1より完全に外れています。
Ⅵ	下方脱臼	鎖骨遠位端が下にズレる、極めて稀な脱臼です。

肩鎖関節とは、鎖骨と肩甲骨の間に位置する関節のことです。

肩鎖関節脱臼は、肩鎖靭帯・烏口鎖骨靭帯の損傷の程度や鎖骨のズレの程度等に応じて、上記の6つのグレードに分類されています。

大多数はグレードⅢ未満で、グレードⅥは、滅多に発生しないと言われており、私も、未経験です。

Ⅰ・Ⅱ・Ⅲでは、主として保存療法が、Ⅳ・Ⅴ・Ⅵでは観血術による固定が選択されています。

肩鎖関節脱臼における後遺障害のキモ？

1）グレードⅠの捻挫では、後遺障害を残しません。

2）グレードⅡ・Ⅲでは、外見上、鎖骨が突出し、ピアノキーサインが陽性となります。

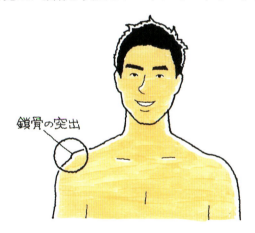

裸体で変形が確認できれば、体幹骨の変形として12級5号が認定されます。

あくまでも外見上の変形であり、XP撮影により初めて分かる程度のものは非該当となります。

ピアノキーサインが陽性のときは、男性は上半身裸、女性ならビキニ姿で、外見上の変形を写真撮影し、後遺障害診断書に添付しなければなりません。

鎖骨の変形と同じですが、骨折部に運動痛があるか、ないか？ ここが重要なポイントになります。

体幹骨の変形による12級5号では、骨折部の疼痛も周辺症状として含まれてしまいます。

つまり、疼痛の神経症状で12級13号が認定され、併合11級となることはないのです。

なんの痛みもなければ、変形で 12 級 5 号が認定されても、逸失利益のカウントはありません。
しかし、運動痛が認められていれば、10 〜 15 年程度の逸失利益が期待できます。
変形に伴う痛みは、自覚症状以外に、鎖骨骨折部の CT、3D 撮影で立証しています。
変形が認められなくても、肩鎖関節部の痛みで 14 級 9 号が認定されることもあります。
この辺りが、交通事故 110 番ならでは、奥の深いところです。

3）肩鎖関節部の靭帯損傷や変形により、肩関節の可動域に影響を与えることが予想されます。
こうなると、鎖骨の変形以外に、肩関節の機能障害が後遺障害の対象となります。
となれば、骨折部位の変形を CT、3D、靭帯断裂は MRI で立証しなければなりません。

患側の関節可動域が健側の関節可動域の 2 分の 1 以下とは、手が肩の位置辺りまでしか上がらないイメージで 10 級 10 号が、患側の関節可動域が健側の関節可動域の 4 分の 3 以下とは、手が肩の位置よりは上がるけれど、上までは上がらないイメージで 12 級 6 号が認定されます。
可動域は、鎖骨骨折を参考にしてください。

4）症状と後遺障害等級のまとめ

等級	症状固定時の症状
10 級 10 号	患側の可動域が健側の 2 分の 1 以下となったもの、
12 級 6 号	患側の可動域が健側の 4 分の 3 以下となったもの、
12 級 5 号	鎖骨に変形を残すもの、
14 級 9 号	脱臼部に痛みを残すもの、
併合 9 級	肩関節の可動域で 10 級 10 号＋鎖骨の変形で 12 級 5 号
併合 11 級	肩関節の可動域で 12 級 6 号＋鎖骨の変形で 12 級 5 号

肩関節の機能障害と鎖骨の変形障害は併合の対象ですが、鎖骨の変形と痛みは、周辺症状として扱われ、併合の対象には、なりません。
等級が併合されなくとも、痛みがあれば、それは後遺障害診断書に記載を受けなければなりません。

11 胸鎖関節脱臼(きょうさかんせつだっきゅう)

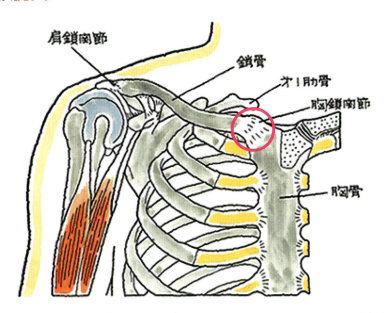

大型バイクでツーリング中、山間部左カーブ地点でセンターラインオーバーの対向車との衝突を避けるため、右に急ハンドルを切り、崖下に落下した被害者で、この傷病名を初めて経験、崖下に転落した際に、立木に右肩部をぶつけたとのことです。
診断書には、右胸鎖関節前方脱臼、第1肋骨骨折と記載されていました。

胸鎖関節は、鎖骨近位端が胸骨と接する部分で、先に説明した肩鎖関節の反対に位置しています。
胸鎖関節は、衝突や墜落などで、肩や腕が後ろ方向に引っ張られた際に、鎖骨近位端が、第1肋骨を支点として前方に脱臼すると言われています。

受傷から2カ月経過、クラビクルバンド固定を外して1週間で、交通事故無料相談会に参加されました。
鎖骨の近位端部は、少しですが前方に飛び出しており、裸体で確認ができました。
突出部に圧痛が強く、右肩は下垂し、右肩関節の外転運動は85°でした。

自宅近くの整形外科・開業医に転院、リハビリ治療を続けた結果、受傷6カ月目で、脱臼部の圧痛の緩和、外転の可動域が120°まで改善したので症状固定を選択、右鎖骨近位端の変形と痛みで12級5号、右肩関節の機能障害で12級6号、併合11級が認定されました。

胸鎖関節脱臼における後遺障害のキモ？

1）肩関節の可動域
受傷2カ月目の外転運動は85°と健側の2分の1以下で10級10号に相当するものでした。
しかし、4カ月間のリハビリ治療で、外転120°まで改善したのです。
これ以上、リハビリを続ければ、180°はあり得ないとしても、135°以上は確実です。
135°以上なら、機能障害は非該当になることから、絶妙なタイミングで症状固定を選択したのです。
関節の機能障害では、プロの目利きが発揮されます。

2）肩関節から最も離れた部分の脱臼で、どうして肩関節に機能障害を残すのか？

相談当初から、このことに疑問を感じていました。
そこで、右鎖骨全体のCTを実施、3Dで右鎖骨の走行に変化が生じていることを立証したのです。
鎖骨の走行に変化が生じていれば、肩関節に機能障害をきたしても不思議ではありません。
ここが立証の決め手であったと自負するところです。

肩関節は、上腕骨頭が肩甲関節に、遠慮がちに寄り添う構造です。
肩甲骨は、鎖骨にぶら下がっている形状で、胸郭＝肋骨の一部に乗っかっています。
つまり、肩鎖関節と胸鎖関節、肩甲骨の胸郭付着部は3本の脚立の脚となっているのです。
胸鎖関節の脱臼により脚立の脚が1本ぐらついたのです。
それを理由として、胸鎖関節から最も遠い位置の肩関節に機能障害が発生したのです。
この理屈をご理解ください。

3）右鎖骨近位端の変形

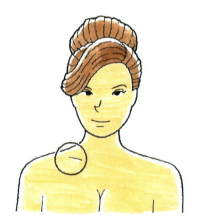

胸鎖関節脱臼で鎖骨が突出するのは、○印の部分です。

受傷4カ月目では、突出もあまり目立たなくなっていました。
圧痛も、以前よりは改善に向かっているとの報告です。
被害者はライダーにしては、やや太り気味の体格で、デブが変形を目立たなくしているのです。
そこで、私は炭水化物の摂取を向こう2カ月間中止とするダイエットを指示しました。
「デブで12級5号を失うのか、ダイエットで確実に取り込むのか？」そのように迫ったのです。
まじめな被害者はダイエットに専念、体重を2カ月で10kg落としました。
痩せることで、胸鎖関節部の突出は浮き上がってきたのです。
併合11級の認定で、私が担当し、この被害者は2000万円の損害賠償金を手にしました。

●その他の体幹骨の骨折

12　肩甲骨骨折(けんこうこつこっせつ)

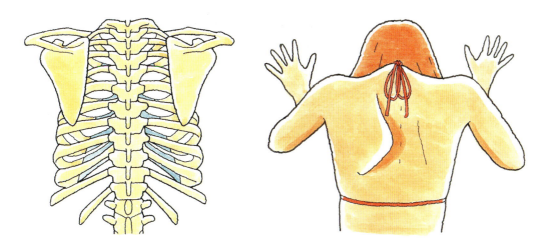

肩甲骨は、背中側の肩の部分についており、骨の中でも比較的薄い板状骨です。
他の骨とは、関節を形成しておらず、他のどの骨よりも自由に動かすことのできる骨です。
外力に弱い構造ですが、多くの筋肉群に囲まれて補強されています。

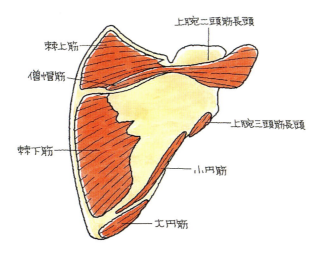

①肩の後方部分に、経験したことのない激痛が走る、
②肩の後方部分が青黒く変色している、
③肩・肘を全く動かすことができない、

この3拍子が揃ったら、肩甲骨は骨折しています。

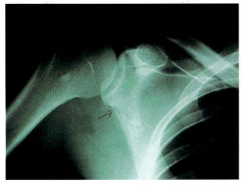
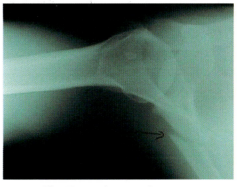

肩甲骨の骨折は、肋骨が邪魔をしてXPで読み取りにくいのです。

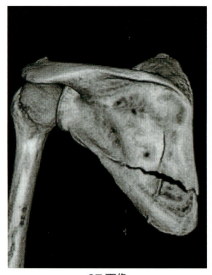

CT画像

交通事故では、地面に肩から叩きつけられる、肩甲骨に直接的な打撃を受けて、骨折しています。
多くは、肩甲骨体部の横骨折か、縦骨折ですが、直接に打撃を受けたときは、鎖骨骨折、肋骨骨折、肩鎖靱帯の脱臼骨折を合併することが多いのです。

最近の経験では、自転車で多摩川の土手をツーリング中に、大型犬に飛びかかられ、左肩から土手下に落下、左肩鎖関節脱臼骨折、肩甲骨と肋骨を2本骨折した例があります。
左肩関節の機能障害で10級10号、肩甲骨の変形で12級5号、併合9級が認定されました。

肩甲骨骨折で手術をすることは少なく、三角巾、ストッキネット、装具等で3週間程度の肩を固定する、保存的治療が選択されています。
その後は、振り子運動などの軽いリハビリ、温熱療法＝ホットパックの理学療法が実施され、肩甲骨単独の骨折であれば、後遺障害を残すこともなく、多目に見ても、3カ月程度の治療期間です。

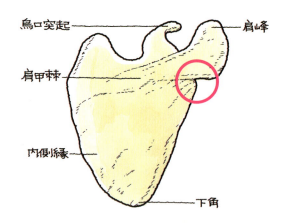

関節窩頸部骨折○で鎖骨骨折を合併すると、不安定性が生じるので鎖骨の内固定が行われます。
関節窩関節面骨折で骨片が大きいときは、反復性脱臼を予防するために、烏口突起骨折で肩鎖関節脱臼を合併したとき、肩峰骨折で肩峰が下方に転位したときと肩甲棘骨折の基部より外側の骨折ではオペが選択されています。

肩甲骨骨折における後遺障害のキモ？

1）肩甲骨の体部単独骨折、つまり関節外骨折では、大多数が保存的治療であり、長くても3カ月程度の治療で、後遺障害を残すことなく、改善が得られています。
しかし、過去には、肩甲骨の横骨折で、骨折部に軋轢音が認められ、骨折部の圧痛と肩関節の運動制限で12級6号が認められた例があります。
やはり、予断は禁物で、骨折部の3DCTをチェックし、丹念に精査をしなければなりません。

2）直近の例。30歳男性、傷病名は、右肩甲骨体部横骨折、右肋骨骨折、右鎖骨遠位端骨折です。
右鎖骨遠位端骨折は、AOプレートで固定され、変形を残していません。
しかし、この被害者の右肩関節は拘縮をきたしており2分の1以下の可動域制限です。
リハビリ開始が遅れたことにより、筋力低下が進み、右肩関節の挙上運動に制限が生じたのです。

骨折部の3DCTでは、良好な骨癒合が得られており、大きな変形は認められません。
被害者請求の結果、10級10号ではなく、1ランク下の12級6号が認定されました。
リハビリ開始の遅れによる、右肩関節の拘縮は、被害者の責に帰すべき事由と判断されたのです。

もう1例。43歳男性ですが、普通乗用車の助手席に同乗中の事故で、右折中に、対向直進車の衝突を受け、傷病名は、左第2～6肋骨骨折、左肺挫傷、左鎖骨遠位端骨折、左肩甲骨骨折、左第3～6肋骨骨折で、フレイルチェストとなっていました。

治療は、集中治療室、ICUにて、気管挿管で陽圧人工呼吸管理が続けられました。
左肺全体に肺挫傷をきたしており、主治医も酸素化が維持できるかを懸念していたのですが、2週間で抜管できるまでに回復、受傷から6カ月で症状固定、左鎖骨遠位端部の変形で12級5号、左肩関節の運動制限で10級10号、併合9級の認定となりました。
陽圧人工呼吸管理によるフレイルチェストの治療が優先されたことにより、左肩関節の可動域に2分の1以上の運動制限を残したもので、これは救命の観点から、やむを得ないと判断されたのです。

このあたり、爺さん会は、実に緻密に精査しています。
リハビリをサボって関節拘縮をきたしたときは、認定等級は薄められるのです。
機能障害を角度だけで判断してはなりません。

3）経験則では、鎖骨の遠位端骨折、肩鎖靭帯の脱臼骨折、肋骨骨折に合併して肩甲骨を骨折することが圧倒的ですから、肩甲骨骨折にこだわることなく、肩関節全体に視野を広げて、後遺障害の検証を進めていかなければなりません。

13　骨盤骨　骨盤の仕組み

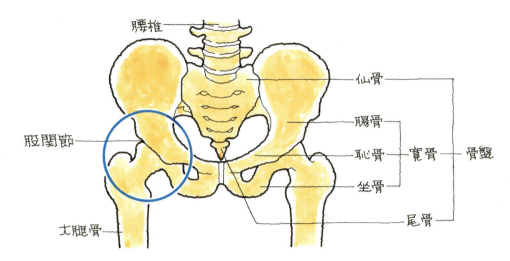

骨盤は、ヒップの中央部にある仙骨とその先にある尾骨、大きな2枚の寛骨の組み合わせで構成されています。腸骨、恥骨と坐骨を総まとめにして、寛骨と呼びます。

骨盤上部には頚部から一直線の脊椎骨、下部には大腿骨があり、骨盤は体の中心にあります。
直立二足歩行をする人間の骨盤は、上半身の体重と足からの衝撃のすべてを受け止めています。
体幹の姿勢を支え、身体の要となっているのが骨盤です。

骨盤のパーツを紹介しておきます。
①腸骨（ちょうこつ）
骨盤の左右に張り出ている大きな骨で、腰骨とも呼ばれます。
骨移植のとき、骨採取されることで有名で、自分の手でも触って確認することができます。

②恥骨（ちこつ）
骨盤の前側に位置しています。
陰毛の中央部をまさぐると、自分の手で確認することができます。

③坐骨（ざこつ）
骨盤の底に位置する骨で、椅子に座ってヒップの下に手を入れると感じることができます。

④仙骨（せんこつ）
骨盤の中心部に、はまり込んでいる逆三角形の骨です。

⑤仙腸関節（せんちょうかんせつ）
左右の腸骨と仙骨をジョイントしています。

⑥尾骨（びこつ）
しっぽの名残と言われており、仙骨の先についています。

⑦恥骨結合（ちこつけつごう）
左右の恥骨のジョイント部分で、硝子軟骨で形成されています。

⑧骨盤入口（こつばんにゅうこう）
左右の寛骨・仙骨・2つの仙腸関節・恥骨結合をつなぐ輪で、赤ちゃんが通る産道となっています。

女性の骨盤は、洗面器型と呼ばれ、妊娠・出産に適した形になっています。
男性の骨盤は、女性に比較すると深くて狭いバケツ型となっています。
骨盤の中央の孔は男性では三角形に近く、女性では丸くなっています。
これは、出産時に、胎児が通過しやすくしているのです。

⑨靭帯（じんたい）

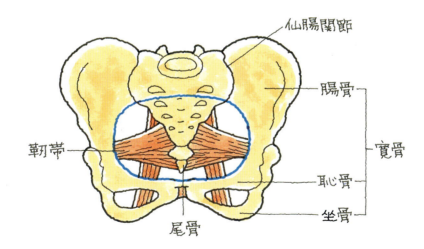

仙腸関節の靭帯には、前仙腸靭帯、仙結節靭帯、仙棘靭帯、骨間仙腸靭帯、長・短後仙腸靭帯、腸腰靭帯などがあり、仙腸関節の前面を、後仙腸靭帯は仙腸関節の後面を補強しています。
骨間仙腸靭帯は、強靭な靭帯であり、仙腸関節を補強し、腸骨と仙骨の関節の溝を埋め、仙腸関節をロックして、正しく制御しています。

腸腰靭帯は、L4から付着する靭帯を上方線維、L5から付着する靭帯を下方線維と呼んでいます。
上方線維は屈曲時に、下方線維は伸展時に緊張、右側屈では、左側の腸腰靭帯が緊張する仕組みとなっています。腸腰靭帯は、腰仙椎関節の安定に大きく寄与しています。

靭帯の名称を覚える必要は、全くありません。

骨盤骨は、仙骨と尾骨、大きな2枚の寛骨の組み合わせで骨盤輪を形成していますが、周辺靭帯により、いっそう強固に締結されていると理解しておくことです。

骨盤骨折における後遺障害のキモ？

1）骨盤は左右の恥骨、坐骨、腸骨と仙骨で構成され、後方は仙腸関節、前方は恥骨結合で融合して骨盤輪を形成しており、体幹の姿勢を支え、身体の要となっています。

骨盤輪の中には、S状結腸、直腸、肛門、膀胱、尿道、女性では、これらに加えて、子宮、卵巣、卵管、腟が収納されており、消化管は下腸間膜動脈、女性性器は卵巣動脈と子宮動脈、泌尿器系は内腸骨動脈により必要としている酸素と栄養素が供給されています。

2）骨盤骨折における後遺障害は、以下の3点です。
※骨盤骨折自体に関するもので、疼痛や股関節の運動障害、骨盤の歪みを原因とする下肢の短縮
※骨盤輪内に収納されている臓器の損傷、
※内腸骨動脈などの血管の損傷、

3）原因のほとんどは、交通事故によるもので、転落あるいは墜落によっても損傷が発生しています。前方からの外力では、恥骨骨折、坐骨骨折、恥骨離開＝左右の恥骨が開くこと、下方からの外力では、恥骨骨折、坐骨骨折、同側の仙腸関節離開、寛骨臼骨折、そして外側からの外力では、寛骨臼骨折、腸骨骨折を生じます。

4）余談ですが、女性は、妊娠4週頃から出産直後にかけて、胎盤の元となる組織から大量のリラキシンというホルモンが分泌されます。

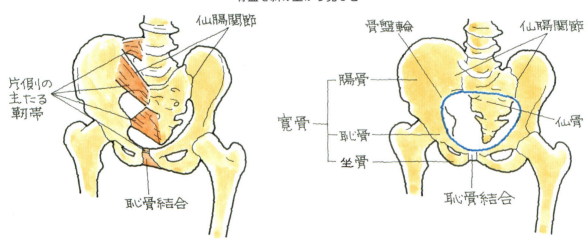

このリラキシンは、骨盤の靭帯を緩める役目を果たしています。
恥骨結合を固定している靭帯と仙腸関節を固定している靭帯の2つが緩み、産道を拡げています。
女性の身体の神秘です。

具体的な後遺障害のキモは、各論で説明しています。

14　骨盤骨折・軽症例

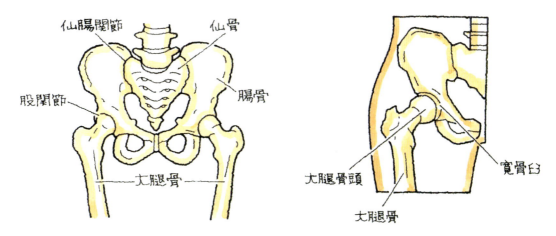

骨盤は左右の恥骨、坐骨、腸骨と仙骨で構成され、後方は仙腸関節、前方は恥骨結合で融合して骨盤輪を形成しており、体幹の姿勢を支え、身体の要となっています。

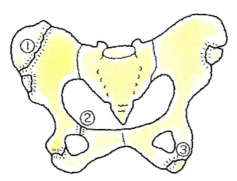

①腸骨翼単独骨折（Duverner 骨折）
②恥骨骨折
③坐骨骨折

（1）腸骨翼骨折（ちょうこつよくこっせつ）

腸骨翼は、腰の両横にあって、ベルトがかかる部位です。
腸骨翼は、前方、後方、側方からの衝撃で骨折しており、出血を伴わないものは軽症例です。
ドーヴァネイ骨折とも呼ばれていますが、入院下で、安静が指示されますが、1週間もすれば歩行器を使用したリハビリが開始され、1〜2カ月で後遺障害を残すこともなく、軽快しています。

ただし、単独骨折であっても骨盤腔内に3000mℓを超える大出血をきたすことがあり、その際は、出血性ショックに対応して全身管理を行う重症例となります。

（2）恥骨骨折・坐骨骨折（ちこつこっせつ・ざこつこっせつ）

恥骨・坐骨は前方からの外力、下方からの外力により骨折しており、骨盤骨折の中で、最も頻度が高いものです。
交通事故では、自転車やバイクを運転中、出合い頭衝突で前方向から衝撃を受ける、ドスンとお尻から落下したイメージです。

恥骨骨折の重症例では、膀胱損傷、尿道損傷を合併することがあります。
坐骨骨折では、半腱・半膜様筋・大腿二頭筋により、骨折部は下方へ転位し、股関節の伸展運動ができなくなります。

片側の恥骨や坐骨の骨折であれば、ほとんどは、安定型骨折であり、入院は必要ですが、手術に至ることはありません。
安静下で、鎮痛薬や非ステロイド性抗炎症薬、NSAIDが投与されます。
多くは、1週間の経過で歩行器を使用して短い距離を歩くリハビリが開始され、1～2カ月の経過で、後遺障害を残すことなく、症状は軽快しています。

（3）尾骨骨折（びこつこっせつ）
仙骨の下についている骨で、尻尾の名残であり、尾底骨とも呼ばれています。

交通事故では、自転車やバイクでお尻から転倒したときに骨折することが多いのですが、3～5個の尾椎が融合したもので、つなぎ目があることと、事故前から屈曲変形していることもあり、XPでは骨折と判断することが困難であることが特徴です。
治療は、通常は保存的に安静が指示されています。
尾骨骨折により、尾骨が屈曲変形をきたしたときは、女性では、正常産道を確保できません。
分娩は、帝王切開に限定されることになり、婦人科医の診断書で、このことを立証すれば、11級10号が認定されています。

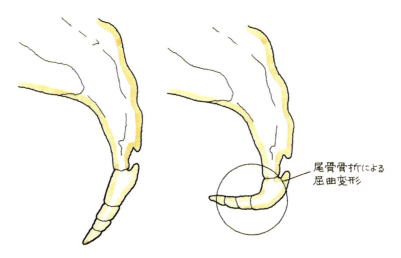

15　骨盤骨折・重症例

（1）straddle骨折、Malgaigne骨折
骨盤は、骨盤輪と呼ばれる内側でぐるりと輪を作っています。
この骨盤輪が、一筆書きに連続しているので、骨盤は安定しているのです。
両側の恥骨と坐骨の骨折で、骨盤輪の連続性が損なわれているようなstraddle骨折、

●その他の体幹骨の骨折

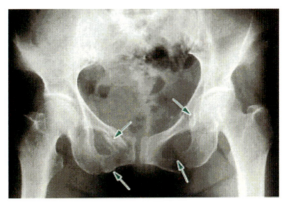
straddle 骨折

骨盤複垂直骨折であるMalgaigne骨折では、骨盤の安定性が失われ、骨盤がぐらつきます。

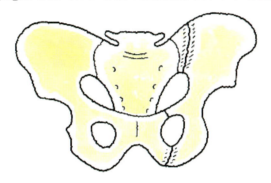
骨盤複垂直骨折(Malgaigne)

骨盤複垂直骨折は、この骨盤輪を形成している骨盤が2カ所骨折したもので、2カ所の骨折により骨盤の安定性が損なわれます。
転位の認められるものは、創外固定器により、整復固定術が実施されています。

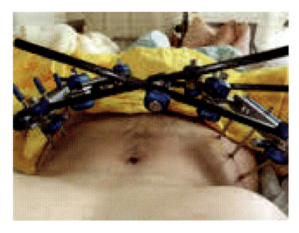

非常に大がかりなもので、複数回の見分を経験していますが、見るだけでも寒気が走ります。

若い女性で、骨盤に多発骨折をきたしたときは、婦人科的に精査しておく必要があります。
骨盤の変形により、正常分娩が不可能で、帝王切開が余儀なくされることが十分に予想されます。
これは11級10号に該当し、複数回を獲得しています。
当然、出産が可能な年数について逸失利益が認められます。

（2）恥骨結合離開・仙腸関節脱臼

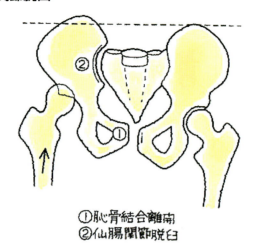
①恥骨結合離開
②仙腸関節脱臼

骨盤は左右2つの寛骨が、後ろ側で仙腸関節、仙骨を介して、前側で恥骨結合を介してジョイントしています。左右の寛骨は腸骨・坐骨・恥骨と軟骨を介して連結し、寛骨臼を形成しているのです。
この輪の中の骨盤腔は内臓を保護し、力学的に十分荷重に耐え得る強固な組織となっているのですが、大きな直達外力が作用するとひとたまりもなく複合骨折をするのです。

上図のような不安定損傷になると、観血的に仙腸関節を整復固定するとともに、恥骨結合離開についてはAOプレートによる内固定の必要が生じます。
上のイラストは、右大腿骨頭の脱臼も伴っています。

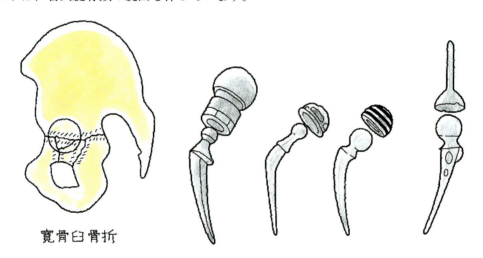
寛骨臼骨折

大腿骨頭の納まる部分である、寛骨臼の損傷が激しいときは、骨頭の置換術にとどまらず、人工関節の置換術に発展する可能性が予想されます。
本件の場合、股関節は10級11号が、骨盤は12級5号が認められ、併合で9級が認定されます。

骨盤骨折における後遺障害のキモ？

1）骨盤骨折は、大きくは、寛骨臼骨折と骨盤輪骨折の2つに分類されます。
股関節は、寛骨臼と大腿骨頭の2つの関節面が接する構造であり、寛骨臼骨折とは、股関節の関節内骨折です。そして、骨盤輪骨折は寛骨臼骨折を除いた骨盤骨折となります。
いずれも、XPで診断されていますが、骨盤の形状は非常に複雑なところから、CTにより骨折の位置

を詳しく調べることが、治療方針の決定に有用です。
さらに、血管損傷や膀胱損傷などの合併損傷を診断するには、造影CTを行う必要があります。

2）大量出血を伴うときは、緊急的に止血処置を実施しなければなりません。
骨折部を体外で仮固定する創外固定器具を用いて、安定化させることが止血の基本になります。
さらに、血管造影で、損傷動脈を発見し、ゼリー状の物質や金属製のスポンゼコイルを動脈内に挿入する塞栓術が実施されています。

止血処置により、ショック状態から離脱すれば、骨折の治療を計画します。
下肢の牽引により、骨折部の転位を矯正できるときは、大腿骨遠位または脛骨近位にワイヤーを刺入し、手術までの間、持続的に牽引します。

3）寛骨臼骨折では、関節内骨折であるところから、正しい整復位置に戻さなければなりません。
もし骨折の転位を残したまま、保存的に治療したときは、骨折部の癒合が得られても、変形性関節症が経時的に進行するので、将来の人工関節置換術が予想されることになります。
しかし寛骨臼骨折のオペは難度が高く、大量出血等の危険も予想されるのです。
挫滅的な損傷では、オペが中止されることも、複数例、経験しています。
こんなときは、後遺障害等級の獲得で損害をカバーしなくてはなりません。

4）骨盤輪骨折では、骨盤後方が破壊され、骨折の不安定性が強いときは、オペの適応となります。
スクリュー、プレート、脊椎固定用のインプラントなどを使用して内固定が実施されています。
保存的な治療に比較すると、早期に車椅子や歩行練習が可能になる利点があります。

5）骨盤骨折の軽症例
①腸骨翼骨の単独骨折で大量出血を伴わないもの、
②恥骨・坐骨の単独骨折で、安定型のもの、

骨折部に疼痛を残しているときは、骨折部の3DCT撮影で、骨癒合状況を立証します。
変形癒合が確認できるときは、その度合いに応じて、14級9号、12級13号の神経症状が、後遺障害として認定されます。
骨折部に痛みがないときは、後遺障害の対象ではありません。

③尾骨骨折後、尾骨が屈曲変形をきたしているとき、被害者が女性であれば、骨折部の3DCT画像を婦人科に持ち込み、正常産道が保たれているかについて、精査を受けなければなりません。
尾骨の変形により正常分娩が不可能で、帝王切開を選択しなければならないときは、11級10号が認定されます。この診断は、整形外科ではなく婦人科の医師に診断をお願いすることになります。

被害者が男性で、尾骨に疼痛を訴えるときは、やはり、3DCTで立証、神経症状として、14級9号もしくは12級13号をめざします。

6）骨盤骨折の重症例

①両側の恥骨と坐骨の骨折で、骨盤輪の連続性が損なわれているstraddle骨折や骨盤複垂直骨折であるMalgaigne骨折では、骨盤の安定性が失われています。
創外固定器の使用で骨盤骨の安定化と整復固定が行われていますが、それでも、完全に元通りは、期待できません。

②恥骨結合離開と仙腸関節の脱臼

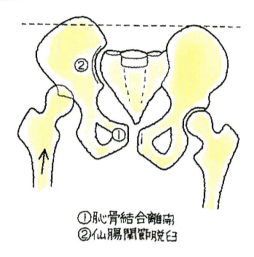

①恥骨結合離開
②仙腸関節脱臼

イラストのような不安定損傷では、オペにより仙腸関節を整復固定するとともに、恥骨結合離開についてはAOプレートによる内固定が実施されていますが、やはり、完全に元通りは、期待できません。

したがって、骨盤骨折の重症例では、どのレベルの変形を残しているかを立証することになり、3DCTが威力を発揮します。

骨盤骨の歪みにより、左右の下肢に脚長差が生じたときは、ONISのソフトを駆使して、脚長差を具体的に立証します。1cm以上であれば13級8号、3cm以上であれば10級8号、5cm以上であれば8級5号が認定されるのですが、骨盤骨の変形で12級5号と比較して、いずれか上位の等級が認定されており、このことも、承知しておかなければなりません。

●胸部の障害

1　胸腹部臓器の外傷と後遺障害について

ここから、胸腹部臓器の外傷と後遺障害について、本格的に取り組みます。
胸腹部臓器の外傷と後遺障害は、自賠法では、以下の5つに分類されています。
①呼吸器
②循環器
③腹部臓器
④泌尿器
⑤生殖器

複数の臓器に障害を残すときは、併合によって、障害等級が認定されています。
複数の臓器に障害を残し、常時や随時介護を必要とする重症例では、別表Ⅰが適用されています。

この30数年間、胸腹部臓器の外傷と後遺障害のサポートは、誰よりも多くを経験してきました。
しかし、なんといっても、症例数は圧倒的に少なく、そのつど、必死に学習して立証するのですが、等級獲得後、時がたてば、それらの努力も、すっかり、忘れてしまうことを繰り返してきたのです。
忘れてしまったことを引っ張り出しながら、解説を続ける、苦難の道が続きます。

2　呼吸器の仕組み

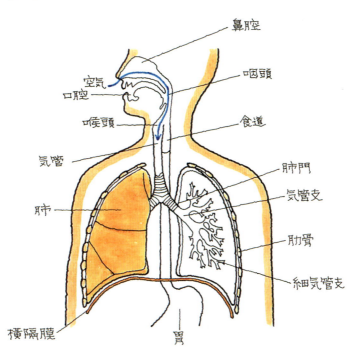

ヒトは、息をしながら、美味しいものを食べて、命を長らえています。
生命を維持するには、酸素と栄養素を体内に取り込むことが必要不可欠です。
酸素を体内に取り込むのは呼吸器系、栄養素を取り込むのは消化器系の仕事です。

ところが、ここに２つの問題があります。
取り込まれた栄養素は、吸収されると、酸化して二酸化炭素＝炭酸ガスを発生させます。
体内に炭酸ガスが充満すると、さまざまな障害を引き起こすことになり、ヒトが生きるには、酸素を取り込み、不要となった炭酸ガスを排出し続けなければならないのです。

さらに、酸素は、栄養素と違って、体内に備蓄することができません。
酸素の供給が停止すると、大脳で８分、小脳で13分、延髄・脊髄では45〜60分を経過すれば、組織は死滅し、生命を失います。
呼吸器系は、24時間、酸素を取り込み、炭酸ガスを排出し続けており、生命を維持する上で、非常に重要な役割を担っているのです。

肺は、心臓を挟んで左右に１つずつあります。
心臓の位置が、やや左寄りで、左肺は右肺に比較すれば、小さくなっています。
肺は、右が上・中・下葉の３つ、左は上・下葉の２つに分かれています。
両肺は、縦隔で仕切られ、横隔膜の上に乗っており、支えられています。
肺は、空気の吸入と排出を行い、肺胞で、酸素を血液中に取り込み、血液中の二酸化炭素＝炭酸ガスを排出するガス交換を行っています。

気道の大部分と肺胞の全部は、肋骨、脊椎、肋間筋、横隔膜に囲まれてできた、胸郭の籠の中に収納されており、胸郭は、収縮・拡張を繰り返し、肺の中に空気を取り入れ、押し出すポンプの役目を果たしています。胸郭内は、常に大気圧より低い陰圧に保たれており、肺の働きをサポートしています。

気道とは、空気中の酸素を肺胞に導き入れ、肺胞内の二酸化炭素を外界へ排出する導管のことです。
気道は、口腔⇒鼻腔・副鼻腔⇒咽頭⇒喉頭⇒気管⇒気管支⇒細気管支という経路となっています。

胸膜は、肺を直接包み込んでいます。
左右の肺に挟まれた胸腔の正中部は縦隔と呼ばれ、心臓、胸腺、気管、気管支、食道、大動脈、大静脈、胸管、神経などの器官が存在しています。

3　肺挫傷（はいざしょう）

高所からの墜落、胸部挟圧などの外力が胸壁に作用して、肺表面の損傷はないものの、肺の内部、肺胞、毛細血管が断裂して、内出血や組織の挫滅をきたすことがあります。
打撲では、青あざが残りますが、肺にあざ＝内出血ができた状態を肺挫傷と呼んでいます。

さらに、肺表面部の胸膜を損傷すれば、肺裂傷と呼ばれます。
肺裂傷では、裂傷部位から肺の空気や血液が漏れ、気胸や血胸となります。

交通事故では、電柱に激突、田畑に転落するなどで、胸部を強く打撲した自転車やバイクの運転者に肺挫傷が認められています。
診断は、胸部XP、CT検査で明らかとなります。

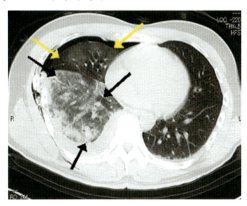

上記は、交通事故外傷による肺挫傷・肺裂創のCT画像です。
黒の矢印、すりガラス状に白っぽく見える肺は、肺挫傷をきたしている部位です。
黄色の矢印は、肺裂傷の部位から空気が漏れ、肺が萎縮しています。

軽症の肺挫傷であれば、多くが無症状で、気づかないまま治癒していることもあります。
つまり、呼吸の状態が保たれていれば、自然に回復するのです。
これは、青あざが、自然に消えて治ってしまうことと同じです。

通常の肺挫傷では、外傷から数時間の経過で、呼吸困難、頻呼吸、血痰、チアノーゼなどの症状が出現し、これらに対しては、安静臥床、酸素吸入、肺理学療法の治療が行われています。
酸素吸入の持続で、喀出を促すことは効果的で、無気肺の予防に役立ちます。

十分な酸素吸入と、気胸や血胸に対する胸腔ドレナージを行っても、PaO_2 が 80mmHg 未満では、気管挿管下に人工呼吸管理が開始され、重症例では、人工肺＝ECMOが導入されることもあります。

広範囲の肺挫傷では、低酸素血症に基づく意識障害や血圧低下を合併し、急性呼吸不全から死に至ることも報告されており、侮ってはなりません。

※チアノーゼ
動脈血の酸素濃度＝酸素飽和度が低下し、爪や唇などが紫色に変色することです。
赤血球の中には、酸素を運搬するヘモグロビンという鉄と結合した蛋白質が含まれています。
正常の動脈血は、98～100％が酸素と結合し、酸化ヘモグロビンとなって循環しています。
このときの動脈血は赤色です。
酸化ヘモグロビンの割合が低下し、酸素と結合していないヘモグロビンの割合が増加すると、爪や唇が紫色に変色し、この状況をチアノーゼと呼んでいます。

※喀出
気道内の血液や気管支分泌物を、咳とともに体外へ排出することです。

※無気肺
肺の中の空気が著しく減少することから起こる呼吸障害のことです。

※胸腔ドレナージ
気胸、開放性気胸、緊張性気胸、血胸、血気胸などの際に行われる治療法で、胸腔内に胸腔ドレーンチューブを挿入、胸腔内にたまった空気や血液を体外へ排出し、収縮した肺を再び膨張させ、呼吸障害を正常に戻します。

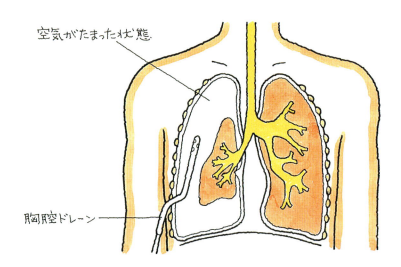

※SpO_2＝経皮的動脈血酸素飽和度は、パルスオキシメーターで測定、％で表示します。

パルスオキシメーター

※PaO_2、動脈血酸素分圧は、torr（トル）もしくはmmHgで表示します。
PaO_2は動脈から直接、動脈血を採血して、血液ガス分析で測定、60mmHg以下であれば、呼吸不全と判断されます。
ちなみにSpO_2　90％は、PaO_2　60mmHgとなります。

※PAO_2、肺胞気酸素分圧は、肺胞にかかる酸素分圧であり、torr（トル）もしくはmmHgで表示します。

※肺胞気動脈血酸素分圧較差　$A-aDO_2 = (PAO_2 - PaO_2)$
この差が大きくなると、酸素化が悪化していることがわかります。
肺胞の酸素量と、動脈の酸素量の差が大きいとは、肺胞で酸素が血液内にとりこまれていないことであり、酸素化不全を示しています。
呼吸器内科では、主治医と看護師の間で、上記のやりとりがなされています。
言葉の意味を承知していれば、将来の後遺障害を予想することができるのです。

肺挫傷における後遺障害のキモ？

1）肺挫傷の傷病名であっても、呼吸の状態が保たれていれば、1週間程度で自然に回復し、後遺障害を残すことはありません。

2）呼吸器の障害の立証方法について
①動脈血酸素分圧と動脈血炭酸ガス分圧の検査結果

動脈血酸素分圧と動脈血炭酸ガス分圧の検査結果による障害等級		
動脈血酸素分圧	動脈血炭酸ガス分圧	
	限界値範囲内（37Torr～43Torr）	限界値範囲外（左記以外のもの）
50Torr以下	1、2または3級	
50Torr～60Torr	5級	1、2または3級
60Torr～70Torr	9級	7級
70Torr以上		11級

②スパイロメトリーの結果および呼吸困難の程度

スパイロメトリーの結果および呼吸困難の程度による後遺障害等級			
スパイロメトリーの結果	呼吸困難の程度		
	高度	中等度	軽度
％1秒量≦35 または ％肺活量≦40	1、2または3級	7級	11級
35＜％1秒量≦55 または 40＜％肺活量≦60			
55＜％1秒量≦70 または 60＜％肺活量≦80			

③運動負荷試験の結果
運動負荷試験には、トレッドミル、エアロバイクによる漸増運動負荷試験、6分・10分間歩行試験

トレッドミル

エアロバイク

シャトルウォーキングテスト等の時間内歩行試験、50m歩行試験などがあります。

損保料率算出機構自賠責保険調査事務所は、運動負荷試験の結果について、以下の5つの事項について主治医に文書照会を行い、呼吸器専門の顧問医から意見を求めて、呼吸障害の等級を高度・中程度・軽度に分類し、等級を認定しています。

①実施した運動負荷試験の内容
②運動負荷試験の結果
③呼吸機能障害があると考える根拠
④運動負荷試験が適正に行われたことを示す根拠
⑤ その他参考となる事項

①と②の結果を比較して②の数値が高いときは、②の結果で障害等級を認定しています。
①②の数値では後遺障害の基準に該当しないときでも、③の基準を満たせば、認定されています。

3）等級認定例
肺挫傷の経験則は豊富ですが、非該当、14級9号、11級10号、7級5号と千差万別です。

ここでは、7級5号の重症例を紹介しておきます。
被害者は、横断歩道手前で自転車に乗って信号待ちをしていました。
そこに、信号の変わり目で、自動車同士が出合い頭衝突し、1台の自動車が交差点で大きくスピンし、自転車に乗った被害者は、交差点後方の田畑に跳ね飛ばされたのです。

脳挫傷、急性硬膜下血腫、多発性肋骨骨折、フレイルチェスト、肺挫傷の傷病名でした。
幸い、高次脳機能障害のレベルは、9級10号でしたが、広範囲な肺挫傷に伴う呼吸器障害を残し、スパイロメトリー検査では、％肺活量が52.2でした。
※％肺活量
実測肺活量÷予測肺活量×100 ＝％肺活量
上記の計算式で算出されるもので、肺の弾力性の減弱などにより、換気量の減少を示す指標であり、正常値は80％以上です。

また、運動負荷試験では、呼吸困難の程度は、一回の歩行距離は、歩行器では170m、杖では40mで息切れし、呼吸困難の状態になる高度なレベルとの主治医所見などを回収しました。

結果、被害者の呼吸器には、高度の呼吸困難が残存し、「胸腹部臓器の機能に障害を残し、軽易な労務以外の労務に服することができないもの」として第7級5号が認定、先の9級10号と併合され、併合6級が認定されました。

呼吸器の障害では、①②、そして③の検査を受ける必要があります。
ところが、これらは治療上で必要な検査ではありません。
多くの呼吸器内科の医師は、後遺障害診断の経験が少なく、その検査の必要性も承知していません。
被害者が、主治医を説得する？　骨の折れる作業ですが、大半は、見事に失敗します。
後遺障害診断では、専門的な知識で医師を誘導する必要があるのです。

NPO交通事故110番では、スタッフのチーム110が、被害者の治療先に同行して、医師面談を繰り返し、後遺障害立証のサポートを行っています。
後遺障害診断で、ご不安の被害者は、NPO交通事故110番まで、ご相談ください。

4　皮下気腫、縦隔気腫

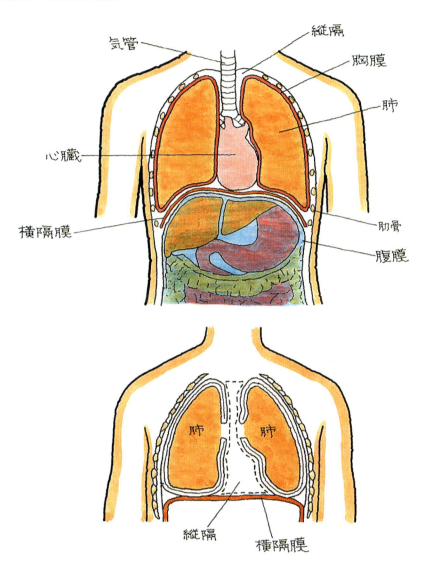

※胸膜　左右それぞれの肺および胸壁の内側を覆う2枚の薄い膜、
※胸壁　皮膚から胸膜までの壁のようになっている部分で、肋骨や筋膜からなる部分、
※胸郭　胸椎・肋骨・胸骨で囲まれた籠状の骨格、
※胸腔　肺と胸壁と横隔膜にはさまれた空間で、胸水がたまるところ、
※縦隔　左右の肺の間の部分、心臓、食道、気管や心臓に通じる大血管などがあるところ、
※気道　鼻腔・副鼻腔⇒咽頭⇒喉頭⇒気管⇒気管支⇒細気管支で構成された空気の通路、
※肺　　伸縮する風船のような器官、
※肺胞　気道の先端にある袋でガス交換の場、
※心膜　心臓を袋のように包んでいる膜で、心のうとも呼ばれる、
※横隔膜　胸郭の下辺をなす筋肉。収縮・弛緩により肺の拡張・縮小を調節する呼吸筋、
※腹腔　腹壁で囲まれ、内部に胃や腸などの消化器が存在する空間、
※腹膜　胃、腸、肝臓などの腹部の臓器および腹壁の内側を覆う薄い膜、

胸部外傷で、損傷した肺や気管から漏れた空気が、皮下組織にたまるのが皮下気腫です。
気管や気管支が断裂したときは、左右の肺に挟まれた部位＝縦隔に漏れた空気がたまります。
これを縦隔気腫と言います。

これらは、交通事故外傷、特に胸部の打撲、高所からの転落、挟まれたことによる挟圧外傷で、肋骨・胸骨の骨折や、肺、気管、気管支、食道などが損傷することで発症しています。

皮下気腫では、胸や頚部に空気がたまり、その部位が膨らみ、強い痛みを訴えます。
膨らんだ部位に触れると、雪を握ったようなサクサクとした感触があります。
また、患部を圧迫すると、プチプチと気泡が弾けるような音を感じます。
症状としては、胸痛や呼吸困難を訴えることがあります。

縦隔気腫は、胸痛、呼吸困難、息切れ、チアノーゼの症状があり、多くで、血痰が確認されています。
いずれも、胸部XP、CT検査で確定診断され、呼吸困難はパルスオキシメーターの測定値、SpO_2で確認されています。
軽度なものは、2〜3週間の安静で治癒していますが、進行性で、拡がりの大きい皮下気腫では、皮膚切開による排気が実施されています。
縦隔気腫では、その原因になる気管・気管支破裂、食道穿孔・破裂が精査され、内科的な治療で改善が得られないときは、損傷部位の縫合術が必要となります。

※ SpO_2
パルスオキシメーターの測定値をSpO_2と言います。
血液中の酸素の大半は、健康であれば99％近くは、赤血球の中のヘモグロビンによって運ばれます。

血液中のヘモグロビンのうち、実際に酸素を運んでいるヘモグロビンの比率のことであり、単位は％で表示されています。

皮下気腫、縦隔気腫における後遺障害のキモ？

1）皮下気腫もしくは縦隔気腫の傷病名であっても、呼吸障害を残す重症例は少ないのです。
呼吸障害を残しているときは、肺挫傷のところで説明した、以下の3つの検査で立証します。

①動脈血酸素分圧と動脈血炭酸ガス分圧の検査結果
②スパイロメトリーの結果および呼吸困難の程度
③運動負荷試験の結果

2）経験則を紹介しておきます。

●胸部の障害

タクシーを運転中の50歳男性ですが、山間部のカーブ地点で、センターラインをはみ出したゴミ収集車と衝突し、押し出され、2mほどの崖下に転落しました。
傷病名は胸骨骨折、右血胸、縦隔気腫、頚椎椎間板ヘルニアです。
症状固定段階の症状は、胸部痛、体動時の息切れ、左上肢、左4、5指のしびれでした。

胸部XPで右肺が左肺よりも萎縮していることが確認できました。
体動時の息切れについては、スパイロメトリー検査を受けたのですが、％肺活量が82でした。
これでは非該当なので、運動負荷試験を依頼、その結果、中程度の呼吸障害と判定されました。

胸骨骨折では、裸体で変形が確認できません。
3DCTの撮影と、骨折部の骨シンチグラフィー検査をお願いしました。
3DCTでは、わずかな骨癒合不良を認めましたが、これでは体幹骨の変形には該当しません。
しかし、骨シンチでは、骨折部にホットスポットが認められ、不完全な骨癒合と、それに伴う胸部痛については立証することができました。

頚椎椎間板ヘルニアは、MRI検査で、C6/7左神経根にわずかな狭窄が認められ、被害者の自覚症状に一致する画像所見が得られました。

結果、呼吸障害で11級10号、胸部痛で12級13号、頚椎ヘルニアで14級9号、併合10級が認定されました。

3）縦隔気腫では、その原因に、気管・気管支破裂や食道穿孔・破裂が予想されます。
こうなると、後遺障害は別のアプローチで立証しなければなりません。
具体的には、気管・気管支破裂や食道穿孔・破裂で説明しています。

5　気管・気管支断裂

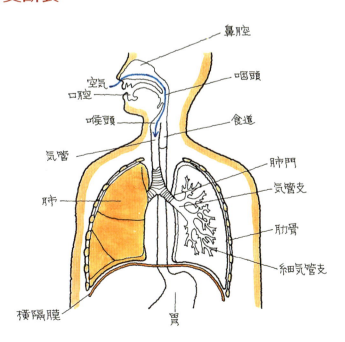

気管は空気を口から肺へ送り込む導管です。
気管の外傷は、少数例ですが、呼吸にかかわることであり、重症例では死に至る深刻なものです。

交通事故では、バイクの運転者に多く、頚部に直接外力が加わる、転倒時に、頚部を強く打撲する、急激に頚部が引き伸ばされたときや、自動車であっても、高速で走行中の衝突事故で、体に大きな外力が作用し、体内で引きちぎられるように断裂すると考えられています。

症状は、血痰や呼吸困難ですが、頚部皮下気腫や縦隔気腫を伴うことが最大の特徴です。
受傷直後から、これらの症状が現れ、進行していくので、救急搬送を急がなければなりません。

血痰、呼吸困難、頚部皮下気腫が認められると、気管断裂が強く疑われます。
胸部CT、気管支鏡検査により確定診断がなされています。

損傷が軽度であれば、自然に回復することもありますが、中程度以上の単独損傷では、緊急オペにより、気管断裂部の修復術が実施されます。

多臓器損傷が合併しているときは、気管内挿管や気管切開を行って、損傷部を越えて気管内チューブを健常部にまで挿入し、換気を確保します。
全身状態が落ち着いてからオペが実施されます。
外傷後の瘢痕を剥がすように、気管断裂部にアプローチするのですが、頚部には、動静脈や神経、食道が走行しており、当然、専門医の領域です。

頚部気管の完全断裂症例は、救命が非常に困難な外傷であり、進行性の呼吸困難で窒息の危険があるときは、事故現場で気管切開が実施されることもあります。

気管・気管支断裂における後遺障害のキモ？

1）滅多に遭遇しませんが、呼吸器内科の医師は、後遺障害の知識と経験則に乏しく、協力を得るのに、毎回、大変な苦労をしています。
医師に任せておけば、後遺障害が認定される？　そんな錯覚はしないことです。

2）経験則です。
52歳男性、原付バイクを運転中に、2トントラックに追突された交通事故です。
被害者は、左前方に跳ね飛ばされ、街路樹に激突しました。
傷病名は、多発肋骨骨折、フレイルチェスト、肺挫傷、気管断裂、頚部皮下気腫、左肩鎖関節脱臼骨折グレードⅢであり、40日の入院を伴う重傷でした。
症状固定段階では、息苦しさ、運動時の息切れ、かすれ声、左肩鎖関節部の変形と左肩関節の運動障害を確認しています。
スパイロメトリー検査では、％肺活量が60％、1秒率は70％であり、肺が空気を取り入れる容量が少なくなっていること、弾力性を失っていることで、息苦しさ、息切れを立証しました。

●胸部の障害

かすれ声＝嗄声（させい）については、気管挿管もしくは抜去時に、声帯に損傷を受けたものと推定されるとのことで、そのことについて、後遺障害診断書に記載をお願いしました。

左肩鎖関節の脱臼骨折は、MRIでグレードⅢが確認できました。
被害者は、体重80kgの小太りで、左肩鎖関節部の鎖骨の出っ張りがあまり目立たないのです。
2カ月間で15kgのダイエットを指示し、裸体で明らかに変形が確認できるようにしました。
左肩関節の他動値は、外転が120°内転0°で右に比較して4分の3以下を達成しています。

弁護士による被害者請求の結果、呼吸器の障害は11級10号、かすれ声は12級相当、左鎖骨の変形で12級5号、左肩関節の運動障害で12級6号、併合10級が認定されました。

交通事故受傷によるかすれ声は、12級相当であることを覚えておくことです。

※スパイロメトリー検査
呼吸の呼気量と吸気量を測定し、呼吸の能力を判定しています。

※肺活量
空気をいっぱい吸入して、いっぱい吐いたときの量です。
通常、年齢と身長によって計算した予測正常値と比較し、％肺活量として表します。

※1秒率
肺活量を測定するときに、最初の1秒間に全体の何％を呼気するかの値です。
肺の弾力性や気道の閉塞の程度を示します。
弾力性がよく、閉塞がないと値は大きくなります。

スパイロメトリー検査　おおよその目安		
％肺活量	1秒率	レベル・障害の状態
80以上	70以上	正常
79以下	70以上	拘束性　肺の弾力性低下、胸部拡張障害、呼吸運動の障害
80以上	69以下	閉塞性　気道閉塞、肺気腫
79以下	69以下	上記の2つが混合したもの

6　食道の仕組み

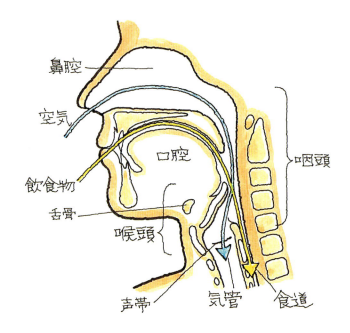

ヒトは、生きるために食事をしますが、その際、重要な役割を果たしているのが消化管です。
飲食物は口の中で細かく噛み砕かれ、消化管に送り込まれます。
消化管は、口⇒咽頭⇒食道⇒胃⇒十二指腸⇒小腸⇒大腸⇒肛門という順序で食物を通過させているのですが、咽頭〜肛門に至る消化管は、日本人の平均で9〜10mの長さです。

消化管は、食物を分解・消化し、栄養分を体内に吸収、その残りカスを糞便として体外に排出させているのですが、その中にあって、食道は、約25cmの管であり、口の中で噛み砕かれた飲食物を胃まで送り込む役目を果たしています。
食道では、消化や吸収の作業は、行っていません。

咽頭部から食道に入った飲食物は、食道の壁が収縮するぜん動運動で胃まで運ばれており、お茶やジュースなどの飲み物では1秒で、固形食物であれば5〜7秒で食道を通過し、胃に到達します。
飲食物は、重力によって、上から下に送り込まれているのではなく、食道が波打つようなぜん動運動によって、胃に運ばれていくのです。
この運動により、寝転がっていても、逆立ちであっても、飲み込んだ飲食物が胃に到達するのです。

食道の上下両端には、安静では閉鎖し、嚥下では緩む括約部＝筋肉があります。
咽頭に近い上部括約筋は、食物の食道からの逆流を防止、吸気時には、空気が胃へ流れ込まないように収縮しています。
胃に近い下部食道括約筋は、嚥下では、緩んで食物を胃に送り込みますが、平常は、胃酸を含む胃の内容物が逆流しないように締めつけています。

ヒトは、舌を変形させ、左右の歯で噛めるよう食物の移動を行い、噛むことで、唾液と十分混ぜ合わされ、飲み込みやすい食物の塊を作っています。
口の奥にある咽頭の入り口部分に、食道へ向かう管と、空気を肺へと送る気管との分岐点があります。

ここから、胃の入り口までが食道で、体のほぼ中央、脊椎骨の前側に位置しています。
頚部食道は気管に接しており、胸部食道の近くには肺や心臓、心臓から出ている大動脈、横隔膜など、生命の維持に重要な臓器があります。

7　外傷性食道破裂

交通事故では、胸部に対する強い打撲、圧迫により、稀に発症しています。
ネット上の論文検索でも、
①交通事故による第3胸椎破裂骨折に合併したもの、
②樹木からの落下で胸部を打撲したもの、
③野球でのヘッドスライディングによる胸部圧迫、
④風呂場での転倒による胸部の打撲に伴う外傷性食道破裂が報告されています。
⑤変わったところでは、食器を運搬中に転倒して、箸が右頚部から刺入し外傷性食道損傷となったものもあります。

①75歳の男性、歩行中の交通事故により受傷⇒胸部CTとMRIにて右血胸、縦隔血腫、頚椎骨折、第3胸椎破裂骨折を認め、ICUで管理⇒受傷4日後、呼吸状態悪化、人工呼吸を開始、⇒右胸腔ドレーンより血性排液あり、翌日、膿性排液となり、CTで血胸の増悪と縦隔気腫を認める⇒受傷6日後の内視鏡検査で、食道穿孔を認め、外傷性食道破裂と診断、同日緊急手術。⇒食道部分切除、食道瘻造設、開腹下胃瘻、腸瘻造設術施行、⇒食道破裂は胸椎骨折の骨片による損傷が原因と診断、

②57歳の女性、木から落下、翌日より、嚥下での胸部痛とつかえ感が出現、近医を受診、⇒食道内視鏡検査にて下部食道に約2cmの全周性の潰瘍と左右に深い粘膜裂傷を伴う狭窄を認める、⇒超音波内視鏡＝EUS検査で食道壁は全層にわたり肥厚、壁構造は消失、⇒狭窄部が瘢痕化した後、バルーンによる食道拡張を施行し、狭窄症状の改善を認める、保存的治療にて改善、狭窄瘢痕部位はバルーンによる食道拡張術で軽快、12カ月経過後も再狭窄は認められていない。

③15歳の男性、野球でヘッドスライディングをしたあと、前胸部痛が出現、飲水後に、前胸部がしみる感じを訴える、⇒胸部XP、CT検査で縦隔気腫と診断、⇒縦隔気腫の原因精査のため、上部消化管内視鏡検査を施行、⇒食道入り口部に約3cmにわたる裂創を認める、
以上の結果、外傷性食道破裂に伴う縦隔気腫と診断⇒厳重な経過観察、絶食と抗生物質の投与による保存的治療にて軽快する。

④71歳の女性が、昼食後に入浴し、立ち上がった際に意識を消失して転倒、⇒意識は回復するも、強い胸部痛と呼吸困難が出現したため、当院へ搬入、⇒胸部CTで左気胸、左胸腔内の食物残渣状の胸水貯留、胸部下部食道壁の肥厚を認めたが、外傷性変化は見られない、⇒胸腔ドレナージ後に内視鏡検査で胸部下部食道に穿孔を確認、緊急手術を実施、⇒開胸で、食物残渣が混じった胸水が貯留し、胸部下部食道左側壁に3.5cmの穿孔を認める、⇒1期的縫合閉鎖、洗浄、ドレナージを行う、⇒術後食道造影XP検査では縫合不全や狭窄はなく、食事摂取も良好であった。
創感染と日常生活動作の低下で入院が長期化するも、術後58日目に退院、⇒食道破裂は、転倒による圧上昇が原因と推測された、鈍的外傷では食道破裂も念頭におく必要がある。

⑤19歳の女性、食器運搬中に転倒⇒箸が右頚部から刺入⇒抜去することなく来院⇒内視鏡で食道損傷と診断⇒箸の摘出と食道縫合閉鎖術が実施されています。
なにより、箸が突き刺さった状態で搬送されており、食道損傷の発見が容易でした。
しかし、論文によれば、箸刺入傷は23例も報告されており、これは驚きでした。

私は、福井県で発生した交通事故で、外傷性食道破裂を経験しています。
35歳の専業主婦ですが、乗用車の後部座席に乗車中、相手軽トラックのセンターラインオーバーで正面衝突を受け、助手席の実母と軽トラックの運転者が、ほぼ即死する最悪の交通事故でした。

受傷直後の自覚症状は、胸部痛と軽度の呼吸困難でした。
地元の医大系病院に救急搬送され、顔面挫創、胸部XP、CTで、肋骨の多発骨折、縦隔気腫が確認され、緊急的に左胸腔ドレナージが実施されました。

ところが、急激な呼吸状態の悪化が見られ、胸腔ドレナージを中断、気管挿管が行われました。
呼吸状態が安定したので左胸腔ドレナージを再開したところ、悪臭を伴う気体の排出や膿性胸水が認められたところから、上部消化管内視鏡検査を実施、食道左壁に裂孔を認め、外傷性食道破裂と診断、緊急オペで食道縫合閉鎖術が実施されました。
幸い、受傷から24時間以内に、食道破裂が発見、縦隔炎も軽度であったため、先のオペで改善が得られたのですが、その後、食道狭窄に伴う嚥下障害で苦しむことになります。

嚥下造影検査で食道狭窄を認めたことから、バルーンによる食道拡張術が実施され、一定の改善は得られたのですが、タクアンなどの固形物の嚥下が困難な状態であり、10級3号、顔面の醜状痕で7級12号、併合6級が認定されました。

その後の時間経過で、嚥下障害は消失、現在は、普通に主婦業をこなしています。

治療では、呼吸路の確保が先決となります。
呼吸困難では、気管切開で気道を確保しなければなりません。

小さな食道穿孔であり、縦隔炎が軽度のときは、禁飲食、高カロリー輸液による保存的な治療が行われ、改善が得られています。
しかし、それ以外では、外科的食道修復術およびドレナージ術をただちに行う必要があります。

破裂してからの時間経過が短く、縦隔炎が軽度で食道の状態が良好であれば、食道壁を直接縫合する食道修復術が行われています。

破裂してからの時間経過が24時間以上と長く、縦隔炎が高度であって、食道の状態が不良なときは、緊急的に食道の全摘術が実施され、縦隔炎が落ち着いてから胃管を使用した吊り上げ術などで食道再建術が行われています。

●胸部の障害

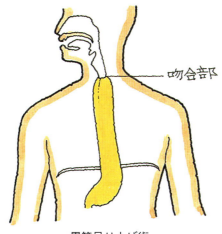

胃管吊り上げ術

8　咽頭外傷(いんとうがいしょう)

ヒトの咽頭は、鼻・口から入った空気が、気管・肺へと向かう通り道と、口から入った食物が、食道から胃へと向かう通り道の交差点であり、空気と食物の通過仕分けをしています。

喉頭は気管の入り口にあり、喉頭蓋＝喉頭の蓋や声帯を有しています。
喉頭蓋や声帯は、呼吸では開放されており、物を飲み込むときには、かたく閉鎖され、瞬間的には、呼吸を停止させ、食物が喉頭や気管へ流入することを防止しています。
声帯は、発声では、適度な強さで閉じられ、吐く息で振動しながら声を出しています。
喉頭は、呼吸する、食物を飲み込む、声を出すの3つの重要な役目を果たしているのです。

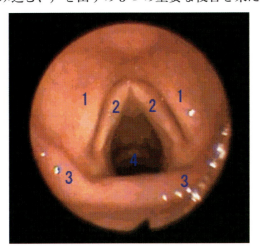

ファイバースコープで見た正常の喉頭で、1が仮声帯、2が声帯で、左右一対です。
3は喉頭と食道の入り口である下咽頭の境界部分で、声帯の奥に見えるのは、4気管です。
ふかさわ耳鼻咽喉科医院のHPから拝借しています。

咽頭外傷は、広い意味で食道破裂のカテゴリーですが、交通事故では、受傷機転が異なります。
そして、件数においては、圧倒的に咽頭外傷が多いので、ここで説明を加えています。

喉頭部に対する強い外力で、咽頭外傷が発生、咽頭部の皮下血腫、皮下出血、喉頭軟骨脱臼、骨折などを発症します。プロレスの技、ラリアットをイメージしてください。

交通事故で、大きな外力を前方向から喉頭に受けると、後方に脊椎があるため、前後から押しつぶされる形となり、多彩な損傷をきたし、呼吸、発声、嚥下の障害を引き起こすのです。

症状として、事故直後は、破裂した部位の疼痛を訴え、痛みで失神することもあります。
二次的には、食道が破裂することにより、縦隔気腫、縦隔血腫を、食道内の食物が、縦隔内に散乱して、縦隔炎を合併し、それらに伴って、呼吸困難、咳、痰、発熱などの症状が出現します。
頸部や胸部の皮下に皮下気腫を認めることもあります。
重症例では、食道からの出血に伴い貧血、出血性ショック症状を合併することもあり、要注意です。

※縦隔の内部に空気が漏れ出したものを縦隔気腫、血液がたまったものを縦隔血腫と言い、どちらも胸部の外傷が原因で、気管、食道、血管などから空気や血液が漏れ出して発症しています。

まず交通事故による鈍的外傷では、呼吸路の確保が優先されます。
呼吸困難が起こるようなら、あらかじめ必ず気管切開で気道を確保します。

軽いものでは、安静と、声帯浮腫を防止する必要から喉頭ネブライザーの併用ですが、通常は、呼吸が確保されていることを前提に、喉頭内視鏡検査、CTなどの画像診断、喉頭機能、呼吸、嚥下、発声を評価する各種検査が実施されます。
骨折整復は受傷後早期に行う必要があり、オペで軟骨の露出、喉頭を切開、損傷した部位の粘膜縫合や骨折整復の手術が行われています。

ネブライザー＝吸入器

咽頭ファイバースコープ

外傷性食道破裂、咽頭外傷における後遺障害のキモ？

1）論文による外傷性食道破裂は、箸の刺入による23例を含めても、35例しか報告されていません。
つまり、外傷性食道破裂は、稀に発症するものであり、発見が遅れることが多いのです。

外傷性食道損傷の死亡例は保存的治療3例中2例、66.7％、手術的治療31例中1例、3.2％です。
死亡例では、縦隔炎から敗血症などの重篤な状態となるものがほとんどです。

受傷から24時間以内に1期的閉鎖術となった11例で、縫合不全は1例ですが、24時間以降では、1期的閉鎖術5例中4例、80％が縫合不全をきたしており、ドレナージ術12例中3例、25％が再手術を余

儀なくされており、本外傷では、早期手術的治療が必要と報告されています。

※敗血症
縦隔内に食物残渣が散らばると、感染症である縦隔炎を発症します。
縦隔炎から血液中に病原体が入り込んで、重篤な症状を引き起こす症候群を敗血症と言います。

2）外傷性食道破裂後に想定される後遺障害は、瘢痕性食道狭窄による嚥下障害です。

食物を認識し、口に入れ、噛んで、飲み込むまでの一連の作業にあって、飲み込むことを嚥下と言うのですが、飲み下すことに障害を残すのが嚥下障害です。

	そしゃく・言語の機能障害 嚥下障害はそしゃく障害を準用しています。
1級2号	そしゃくおよび言語の機能を廃したもの、 そしゃく機能を廃したもの＝流動食以外は摂取できないもの、
3級2号	そしゃくまたは言語の機能を廃したもの、 言語の機能を廃したもの＝4種の語音のうち、3種以上の発音不能のもの、
4級2号	そしゃくおよび言語の機能に著しい障害を残すもの、 そしゃく機能に著しい障害を残すもの＝粥食または、これに準ずる程度の飲食物以外は摂取できないもの、
6級2号	そしゃくまたは言語の機能に著しい障害を残すもの、 言語の機能に著しい障害を残すもの＝4種の語音のうち、2種の発音不能のものまたは綴音機能に障害があるため、言語のみを用いては意思を疎通することができないもの、
9級6号	そしゃくおよび言語の機能に障害を残すもの、 そしゃくの機能に障害を残すもの＝固形食物の中にそしゃくができないものがあること、または、そしゃくが十分にできないものがあり、そのことが医学的に確認できるもの、
10級3号	そしゃくまたは言語の機能に障害を残すもの、 言語の機能に障害を残すもの＝4種の語音のうち、1種の発音不能のもの、

※綴音機能
綴音（てつおん）とは、2つ以上の単音が結合してできた音のことで、例えば、事故は、J・I・K・Oの4つの短音に分解できます。単音とは、言語音声を構成する最小単位です。

そしゃくとは、噛み砕くことですが、そしゃくの機能障害は不正な噛み合わせ、そしゃくを担う筋肉の異常、顎関節の障害、開口障害、歯牙損傷等を原因として発症します。

※そしゃくの機能を廃したもの
味噌汁、スープ等の流動食以外は受けつけないものであり、3級2号が認定されます。

※そしゃくの機能に著しい障害を残すもの
お粥、うどん、軟らかい魚肉、またはこれに準ずる程度の飲食物でなければ噛み砕けないものであり、6級2号が認定されます。

※そしゃくの機能に障害を残すもの
ご飯、煮魚、ハム等は問題がないが、たくあん、ラッキョウ、ピーナッツ等は噛み砕けないものであり、

10級2号が認定されます。
いずれも、先の原因が医学的に確認できることを認定の条件としています。

※開口障害
開口障害を原因として、そしゃくに相当の時間を要するときは、12級相当が認定されます。
開口の正常値は、男性で55mm、女性で45mm、正常値の2分の1以下で開口障害と認められます。

嚥下障害とは、食物を飲み下すことに困難が生じる障害です。
食道の狭窄や舌の異常を原因として発症するのですが、多くは、頭部外傷後の高次脳機能障害で、咽喉支配神経が麻痺したときに発症しています。
嚥下障害の後遺障害等級は、そしゃく障害の程度を準用して定めています。
先の等級表ですが、そしゃくを嚥下と読み替えて、判断してください。
さらに、そしゃくと嚥下障害は併合されることはなく、いずれか上位の等級が選択されています。

最近、頚椎の前方固定術が実施された被害者の2例で嚥下障害が認定されています。
2例とも、咽頭知覚の低下を原因としたもので、耳鼻咽喉科での嚥下検査で咽頭反射が減弱していることを立証して10級相当が認定されています。
頚椎固定術後の嚥下障害は、後遺障害の対象になることを覚えておいてください。

3）嚥下障害の立証
瘢痕性食道狭窄は、耳鼻咽喉科における喉頭ファイバー＝内視鏡検査で立証しています。
実際に食べ物がどのように飲み込まれるかを調べるには、造影剤を用いて嚥下状態をXP透視下に観察する嚥下造影検査で立証しています。

舌の運動性は口腔期の食べ物の移動に、咽頭の知覚は咽頭期を引き起こすのに重要です。
下咽頭や喉頭の嚥下機能を確認するには、実際に食物などを嚥下させて誤嚥などを検出する、嚥下内視鏡検査もあります。

4）咽頭外傷では、嚥下障害以外にも、呼吸障害や発声障害を残すことが予想されます。
呼吸障害の立証は、「5　気管・気管支断裂」のところで説明しています。
ここでは、発声障害の検査による立証を説明します。

①代表的なものは、喉頭ファイバースコピー検査です。
声帯のあるのど、つまり喉頭を見る一般的な検査方法です。
椅子に座った状態で、直径3mmの軟性ファイバースコープを鼻から挿入して検査が行われます。
上咽頭、中咽頭、下咽頭、声帯、喉頭蓋、披裂部など、のどの重要部分について形態、色調、左右の対称性、運動障害の有無を画像で立証しなければなりません。

②4種の構音のうち、どれが発音不能かは、音響検査と発声・発語機能検査を受け、検査データを回収して立証しています。

③かすれ声、嗄声は、喉頭ストロボスコープで立証しています。

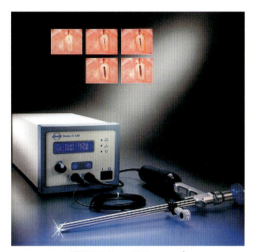

喉頭ストロボスコープ

これは、高速ストロボを利用して声帯振動をスローモーションで観察する装置です。
スローモーションで見ることで、声帯の一部が硬化している、左右の声帯に重さや張りの違いが生じて起こる不規則振動を捉え、検査データにより、嗄声を立証しています。
嗄声を立証すれば、12級相当が認定されます。

なんでもないこと、簡単なことのようですが、実は、立証作業では、毎回、大汗をかいています。
耳鼻咽喉科における各種の検査で、嚥下や言語の障害を立証するのですが、ほとんどの医師に、交通事故後遺障害診断の経験則がありません。

そしゃくと言語の機能の両方に著しい障害を残しているときは、立証により4級2号が認定されます。
まず、そしゃくについては、喉頭ファイバー検査で、瘢痕性食道狭窄などの異常所見を発見しなければなりません。その上で、実際の嚥下障害は、嚥下造影検査で具体的に立証することになります。

次に、言語については、喉頭ファイバースコピーで仮声帯、声帯と、その周辺部の異常所見の発見をお願いし、発声・発語機能検査、音響検査で言語障害のレベルを立証することになり、4級2号を確定させるには、手間のかかる5つの検査をお願いし、その結果について、後遺障害診断書に記載を受け、なおかつ、画像と検査データの回収をしなければなりません。

医師の協力が簡単に得られる？　そのような甘い考えでは、簡単に叩きつぶされます。

すべての交通事故後遺障害は、

①どこを怪我したの？
②どんな治療を受けてきたの？
③どこまで改善し、どんな障害を残したの？

上記の3つを、主に画像を中心として、立証しなければならないのです。
①と②は、受傷直後の画像、診断書と診療報酬明細書で確認することができるので、簡単です。

ところが③の立証では、医師の理解と協力が欠かせないのです。
医師には、限られた面談時間内で、必要性について、丁寧に、しかも簡潔に説明しなければなりません。
罵倒され、ののしられても、医師とけんかすることは許されません。
ひたすらに、頭と腰を低くして、丁寧に、ホンの少し、しつこくお願いしなければならないのです。
誰にでもできることではありません。

9　横隔膜の仕組み

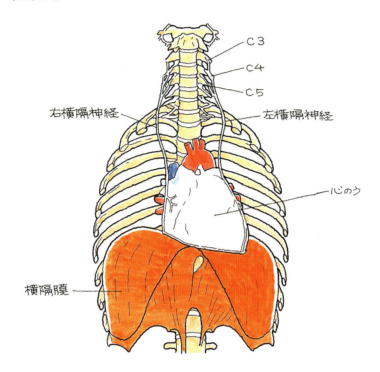

ヒトは、生きるために、呼吸を続けなければなりません。
呼吸とは、口・鼻から入った空気を肺に送り込み、空気中の酸素を血液の中に取り込み、燃えカスとなった二酸化炭素を排出することです。
ところが、肺には筋肉がないので、自力で膨らませる、縮ませることができません。
では、どうやって肺呼吸は行われているのか？
肋間筋、頚部や腹部の筋肉もサポートしているのですが、主体的には、横隔膜の筋肉の働きにより、肺呼吸が行われているのです。

横隔膜は、胸骨、肋骨、脊椎からなる胸郭、つまり籠型の骨組みの底面に付着しています。
ドーム状の薄い膜の筋肉で、胸腔と腹部を仕切る蓋の役目を果たしています。

横隔膜が縮んで下がると、胸腔が膨らみ、肺の中に空気が入って息を吸うことができます。
反対に横隔膜が伸びて上がると胸腔はしぼみ、肺の中の空気が排出されるのです。

余談ですが、横隔膜の痙攣により、伸び縮みを繰り返すと、シャックリになります。

●胸部の障害

交通事故では、胸部に対する強い打撃により、横隔膜が破裂することがあります。
重篤な傷害ですが、発見が早ければ、オペで一定の改善が得られます。

もう1つは、横隔神経の切断です。
横隔膜の筋肉は、頚椎、C3＝横隔神経により支配されています。
上位頚髄損傷で、横隔神経が切断されると、自力呼吸ができなくなり、人工呼吸器＝レスピレーターの装着が余儀なくされます。
上位頚髄損傷では、四肢体幹麻痺を伴い、自力で体動することができません。
常時、介護が必要な状態となり、別表Ⅰの1級1号が認定されますが、循環不全により、長生きは期待できない深刻な外傷です。

10　外傷性横隔膜破裂・ヘルニア

横隔膜は、膜を上下させることにより、胸の気圧を管理しているのですが、交通事故や高所からの転落などで胸部に強い打撃を受けると、風船を踏みつけると割れるように、排気が間に合わず、横隔膜そのものが裂けることがあります。

横隔膜が裂けると、今まで横隔膜によって区切られていた臓器＝胃、小腸、大腸などが脱出することがあり、これを外傷性横隔膜ヘルニアと呼んでいます。

外傷性ヘルニアでは、受傷直後に胸骨下部＝心窩部の強い痛み、嘔吐、呼吸困難、ショックなどの症状が現れます。
胸部XPで、横隔膜と肺との境界がはっきりせず、胸腔内や縦隔内に腸管のガス像を認めます。
胃などの管腔臓器が脱出すると、肺内に管腔臓器が写し出されます。
消化管バリウム造影検査では、より明瞭に脱出した腸管が描写され、確定診断となります。

外傷性ヘルニアの治療では、緊急的にオペが実施されています。
横隔膜は呼吸に直結している部分であり、脱出した臓器そのものによる症状よりも、脱出した臓器によって横隔膜の動きが妨げられることが危険なのです。
オペで、横隔膜裂孔が閉鎖されれば、予後は良好で、ほとんどは、後遺障害を残すことなく改善が得られています。

ネット上の論文では、開胸・回復術と腹腔鏡術の2例が紹介されています。

①73歳の女性、バイクを運転、右折の際、直進の乗用車と衝突、左半身を強打、7m飛ばされる、⇒救急車にて当院に搬送⇒XP、CTで、外傷性横隔膜破裂、骨盤骨折、大腿骨骨幹部骨折、多発肋骨骨折、肩甲骨骨折、腓骨骨折、足関節骨折と診断⇒出血性ショックを伴い、人工呼吸器管理下に迅速輸血を行い、緊急血管造影検査を施行⇒両側内腸骨動脈の数箇所の側枝や両側の第5腰動脈に造影剤の漏出を認め、スポンゼル細片を注入し塞栓止血術を施行⇒左外傷性横隔膜破裂に対し全身麻酔下、開胸・開腹で緊急手術を施行⇒胃底部前壁と大網組織の一部が胸腔内へ脱出し、心膜底部が一部損傷し、横隔膜の腱中心から食道裂孔に至る約10cmの裂創と無気肺を認める、⇒滑脱臓器を用手的に腹腔内へ戻し、横隔

膜損傷部は縫合閉鎖し、心膜損傷部も縫合閉鎖⇒術後4日で人工呼吸器より離脱、術後9日目に一般病棟に移る、⇒整形外科で、16日目に左大腿骨骨幹部骨折、左足関節、左鎖骨骨折に対し、観血的骨接合術を施行、⇒骨盤骨折、肩甲骨骨折に対しては保存療法を行い経過良好、⇒受傷から72日目に退院となった。

②70歳、女性、シートベルト着用下での正面衝突事故、⇒ドクターヘリで救急搬送、⇒前胸部痛、軽度の呼吸困難を認め、CTで左外傷性横隔膜破裂と診断し緊急腹腔鏡下手術を施行、⇒腹腔鏡下観察において他臓器損傷はなく、横隔膜腱性部が横方向に5cm裂け、同部位より胃・大網が左胸腔内に脱出、⇒脱出臓器を腹腔内に還納、横隔膜破裂部を結節縫合し修復、⇒術後8日目、合併症なく軽快退院する。

私が経験した被害者は、大阪市大正区に居住する53歳、女性で、軽四輪貨物の助手席に同乗中、助手席側に2トントラックの側面衝突を受けたもので、外傷性横隔膜破裂、脾臓破裂、肝出血、左恥骨および坐骨骨折、左大腿骨頚部内側骨折の重傷事案でした。

外傷性横隔膜破裂は、開胸術により縫合閉鎖が、脾臓は摘出、左恥骨と坐骨の骨折は保存的に、左大腿骨頚部骨折はスクリュー固定が実施されました。
受傷から8カ月目に症状固定、脾臓の亡失で13級11号、左股関節の機能障害で12級7号、併合11級が認定されましたが、横隔膜破裂は、障害を残すことなく治癒しています。

もう1例の経験は、上位頚髄損傷による横隔神経の切断です。
60歳男性ですが、原付を運転、勤務先より自宅に戻る途中、軽四輪トラックの追突を受けて反対車線に転倒、おりから反対車線を進行中の2トントラックにも跳ね飛ばされたのです。
主たる傷病名は上位頚髄C2/3の横断型損傷でした。
脊髄損傷ですから、四肢体幹麻痺であり、手足はピクリとも動きません。
横隔神経を支配しているC3神経が切断されており、横隔膜を動かすことができません。
つまり、自力で肺呼吸ができない、音声でコミュニケーションができない状態となったのです。
その日から、人工呼吸器＝レスピレーターに依存する生活となりました。
私が担当した交通事故で、最もお気の毒で、悲惨な被害者でした。
ご本人の強い希望があり、奥様は、受傷から1カ月で退院、自宅における介護を決断されました。

最小限の自宅の改造、
据え置き型レスピレーターの設置、
地元医師会を通じて、往診治療の要請、
すべてが未知の領域でしたが、なんとか、態勢を整えました。
ところが、自宅介護から4カ月、循環不全、緑膿菌による肺炎の合併により、逝去されました。

外傷性横隔膜破裂・ヘルニアにおける後遺障害のキモ？

1）外傷性横隔膜破裂・ヘルニアであっても、発見が早期で、破裂部が適切に縫合されると、障害を残すことなく改善が得られています。
しかし、外傷性横隔膜破裂のみの単独外傷は考えられません。

多くは、脾臓破裂、肝臓出血、骨盤骨折などを合併しています。
傷病を総合的に捉えて対処し、きたるべき後遺障害の申請に備えなければなりません。

2）上位頚髄損傷と横隔神経の切断では、お気の毒ですが、改善の手立てがありません。
もちろん、後遺障害は別表Ⅰ、1級1号ですが、立証に苦労することもありません。

3）参考までに、頚髄神経の支配領域を簡単に説明しておきます。
C3は、横隔神経を支配、切断では、自発呼吸ができなくなり、人工呼吸器に頼ることになります。
C5は、上腕二頭筋を支配、これが障害されると自力で肘を曲げることができなくなります。
C6は、手関節を背屈させ、C7は手首を屈曲させ、上腕三頭筋を支配しています。
C8は、指を曲げることに、Th1は指を開いたり閉じたりする運動に関与しています。
それより下位は、運動神経ではなく感覚神経で評価するのですが、Th4は乳首周辺の感覚に、Th7は剣状突起＝みぞおち周辺の感覚に、臍部がTh10であり、鼠径部がTh12に関与しています。

頚髄損傷は、C6あたりで発症することが多く、C5が麻痺していないため上腕二頭筋は収縮ができるのですが、C7より上位の損傷では、麻痺しているため上腕三頭筋を収縮することができず、肘を自力で伸ばすことができなくなります。

11　心臓の仕組み

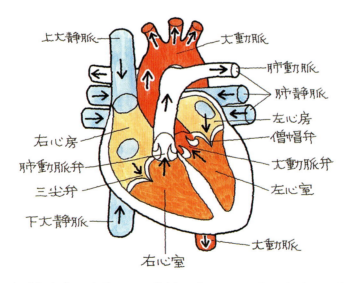

心臓は、左右に2つの心房と心室、合計4つの部屋に分かれており、還流してきた静脈血は右心房から右心室へ移動、肺を経由して動脈血となり、左房、左室を経由して全身へと送り出されています。
心房は、血液を集めて心室に送り、心室が、血液を血管に送り出しているのです。

血液が確実に一方向に流れるべく、それぞれの心室には血液を取り込む弁と、血液を送り出す弁があります。左心室の入り口には僧帽弁、出口には大動脈弁が、右心室の入り口には三尖弁、出口には肺動脈弁があり、それぞれの弁は、一方向のみに開く、閉じるようになっています。

心臓の機能は、ポンプで血液を送り出すことです。

心臓の右側部分は、血液中に酸素を取り込み、二酸化炭素を放出する器官である肺へと血液を送り出します。心臓の左側部分は全身に血液を送り出します。
これにより、全身の組織に酸素と栄養分が運搬され、各部で二酸化炭素などの老廃物が血液中に取り込まれ、肺や腎臓などの器官で排出するために運ばれます。

交通事故における心外傷では、ハンドルなどによる強い胸部打撲を原因とするものが想定されます。
最近では、歌手の桜塚やっくんが、交通事故による心臓破裂で亡くなっておられます。

ここでは、心外傷を5つに分類し、それぞれを解説していきます。
①心膜の損傷、
②冠動脈の損傷、
③心筋の損傷、
④弁の損傷、
⑤大動脈の損傷、

12　心膜損傷、心膜炎

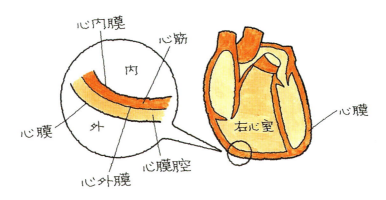

心膜は、心臓を包み込んでいる二重の膜で、内側を心内膜、外側を心外膜と言います。
心内膜と心外膜の間隙は、心膜腔と呼ばれ、15mℓ程度の心膜液で満たされています。

心膜には、以下の3つの役割があります。
①心臓の過剰な動きを制御する、
②心臓の過度の拡張を防止する、
③肺からの炎症の波及を防止する、
さらに心膜液は、二重の心膜間での摩擦を軽減しているのです。

心膜損傷は、交通事故や高所からの転落により、相当に大きな外力や剪断力が胸郭に働いたときに発症すると想定されています。

心膜損傷では、心膜の炎症であり、しばしば心膜液の貯留を伴います。
外傷を原因として、心膜に炎症が起きると、心膜炎と呼ばれる状態になります。
症状としては、胸部痛や発熱、胸部圧迫感を訴えます。

●胸部の障害

心膜炎が起こると心膜液が増えて心臓を周りから圧迫し、心臓の拡張を妨げることがあり、短期間に大量の心膜液が貯留すると、心タンポナーデ、重篤な症状に至ります。

診断は、症状、心膜摩擦音、心電図変化およびXPまたは心エコーによる心膜液貯留を検査します。
治療は一般的には、鎮痛薬、抗炎症薬の投与、改善が得られないときは、オペが選択されます。

※心タンポナーデ
心膜腔の限られた空間に、大量に心膜液が貯留すると、心嚢内の圧が上昇し、心臓の拡張が障害され、全身に送る血液量が少なくなる状態のことを言います。
症状としては、呼吸困難、胸痛、チアノーゼなどで、放置すると死に至ります。
心破裂や大動脈解離によって、血液が心膜腔に流入、心タンポナーデを発症することもあります。

心膜損傷、心膜炎における後遺障害のキモ？

1）外力により心膜が損傷することは予想されるのですが、心膜が損傷しても、心臓に大きな損傷がないときは、心膜の損傷は治療されないことが多数例です。
また、心筋挫傷で、外科的治療を行ったときでも、心膜の開口部は閉鎖しないこともあります。

心膜に開口部を残し、心機能に障害を残すときは、後遺障害の対象となりますが、心機能に障害を残すことは少なく、心膜損傷の傷病名と心膜に開口部を残すだけでは、後遺障害の認定はありません。

2）ただし、心膜が損傷したことにより、心臓の一部が脱出・嵌頓したときは、心筋や冠動脈を圧迫、損傷することがあります。
これらは、心筋や冠動脈の障害を立証することで、等級の認定を得ることになります。

※嵌頓（かんとん）嵌頓ヘルニア
腸管などの内臓器官が、腹壁の間隙から脱出し、元に戻らなくなった状態のことです。

3）心膜の器質的損傷、肥厚、癒着などにより、心臓機能が障害されることがあります。
これは心膜が心臓の拡張を妨げているからであり、心機能の障害のレベルを立証し、等級の認定を得ることになります。
つまりは、心筋梗塞の症状に準じて、障害の程度が審査されています。
当然のことながら、心膜の器質的損傷は画像所見により確認でき、心機能の低下をもたらすことが、検査で立証できており、医師が認めるものに限られます。

4）心膜の器質的損傷、肥厚、癒着などにより、心臓機能が障害されているときは、心膜の切除などで、障害の軽減が実現できることが知られており、治療現場では、積極的に手術適応とされています。
大きな心機能障害を残さないことは、医学的には常識となっているのです。

経験則では、認定等級は、11級10号もしくは9級11号が予想されます。

心膜の器質的損傷、肥厚、癒着などを残し、心機能の低下による運動耐容能の低下が軽度にとどまるものは、11級10号が認定されています。

心膜の器質的損傷、肥厚、癒着などを残し、心機能の低下による運動耐容能の低下が中等度にとどまるものは、9級11号が認定されています。

13　冠動脈の裂傷

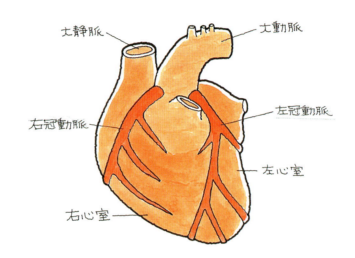

心臓は、大部分が心筋という筋肉でできている臓器です。
心臓は、心筋が収縮、拡張を繰り返すことにより、1分間に約5リットルもの血液を全身に送り出すポンプの役割を果たしているのです。

当然ながら、心筋も、絶えず酸素が供給されないと、十分な働きをすることができません。
心筋は、その他の筋肉と比較して約3倍の酸素を必要としており、冠動脈により、優先的に新鮮な動脈血が供給されるようになっています。
冠動脈は、大動脈の根元より左右1本ずつ分岐し、心筋の表面を冠のように覆っています。

頻繁に発症するのではありませんが、交通事故や高所からの転落で、胸部に強い衝撃を受けたとき、冠動脈が裂傷することがあります。
冠動脈の裂傷により、心筋に十分な血液が送られなくなると胸部痛が出現、この状態を狭心症と言い、さらに、心筋に全く血流が送られなくなると、心筋は働けなくなり、壊死します。
心筋が壊死した状態を心筋梗塞と言います。

冠動脈の裂傷では、心タンポナーデなど重篤な事態に至ることも予想されますが、縫合やバイパス手術が実施されたときは、冠動脈そのものに障害が残存することはありません。

ただし、冠動脈の狭窄または末梢の閉塞が残存し、心筋虚血をきたし、胸痛が生ずることが想定されるときは、狭心症に準じて、障害が審査されています。
また、冠動脈損傷の時点で、心筋への血流が途絶え、心電図、血液生化学検査または画像所見により心

筋壊死が認められるときは、心筋梗塞に準じて、障害が審査されています。

冠動脈の裂傷における後遺障害のキモ？

1）これまでの経験則では、冠動脈の裂傷・破裂で大きな後遺障害を残した例はありません。

2）狭心症は、冠動脈の狭窄や閉塞により、一過性の心筋虚血をきたし、胸痛発作を起こす症候群です。狭心症となると、その後も狭心症状、冠動脈の狭窄や閉塞による心筋虚血に基づく胸痛が再発することが多いと報告されています。
狭心症発症後は、薬物治療、経皮的冠動脈形成術、冠動脈バイパス術などの治療が行われていますが、治療が実施されても、改善程度にはバラツキがあります。

3）狭心症状が軽度なものは、11級10号
日常の身体活動で狭心症状が出現することはないが、通常より負荷の大きい労作を行うときに狭心症状を起こすとは、運動耐容能がおおむね8METsを超えるものであって、具体的には、歩行や階段上昇では狭心症状はないが、それ以上激しいか、急激な労作では、狭心症状を現すもの、

①末梢の冠動脈の狭窄や閉塞などが画像所見等により認められること、
または、心筋に虚血を生じることが発作時心電図、核医学検査等により認められること、
②発作時に上記虚血により胸痛が生じると医師により認められること

運動耐容能がおおむね8METsを超えるもので、上記の2つの要件を満たすものは、11級10号が認定されています。

4）狭心症状が中等度なものは、9級11号
中等度とは、安静や通常の身体活動では支障を生じないものの、通常の身体活動より強い身体活動で狭心症状を起こすとは、運動耐容能がおおむね6METsを超えるものを言い、急ぎ足での歩行や階段上昇、坂道の登り等の身体活動を行うときに、狭心症状を呈するものをいう。

①末梢の冠動脈の狭窄や閉塞などが画像所見等により認められること、
または、心筋に虚血を生じることが発作時心電図、核医学検査等により認められること
②発作時に上記虚血により胸痛が生じると医師により認められること

運動耐容能がおおむね6METsを超えるもので、上記の2つの要件を満たすものは、9級11号が認定されています。
なお、狭心症状が中程度を超えるものは、治療が必要であり、症状固定とはなりません。

余談ですが、最近では、狭心症ではなく、虚血性心疾患と呼ばれています。

昨年の8月には、皇后さまが東大病院で精密検査を受けられ、冠動脈の狭窄が発見されました。
オペではなく、内服で治療を続ける軽度なものであったことは、なによりでした。

虚血性心疾患は、本稿で説明している外傷性のものではなく、心臓の筋肉に血液を送る血管、冠動脈の内側にコレステロールなどがたまり、血管が狭くなることによって血液の流れが悪くなるのですが、この状態を心筋虚血と呼んでいます。
冠動脈の直径が50％以下になると、運動中に血液の不足が起きると報告されています。
私も、高血圧、喫煙、悪玉コレステロールの増加で、虚血性心疾患の予備軍となっています。

5）心筋梗塞とは、冠動脈が閉塞し、冠動脈から血液供給を受けていた心筋組織が壊死したもので、血液供給を失った心筋は、内膜側から壊死が始まり、次第に外膜側まで広がると報告されています。
壊死した心筋は、収縮することができなくなり、壊死した部位と、その範囲に比例して、心臓のポンプ機能＝心機能が低下することになります。
また、心筋梗塞発症後には、さまざまな不整脈が出現することも報告されています。

6）心筋に壊死を残し、心機能＝運動耐容能の低下が軽度と認められるものは11級10号、
心電図、血液生化学検査または画像所見で、心筋の壊死が認められることが前提です。

心機能の低下による運動耐容能の低下が軽度とは、心筋に壊死を残しているが、身体活動に制限はなく、通常の身体活動では心筋梗塞による疲労、動悸、呼吸困難、狭心痛を生じないと医師により認められるもので、運動耐容能がおおむね8METsを超えるものであり、平地を急いで歩く、健康な人と同じ速度で階段を上るという活動に支障がないものを言い、以下の3つの要件のいずれも満たさなければなりません。

①心機能の低下が軽度にとどまり、現在の臨床所見に将来にわたって著変がないと認められること、
②危険な不整脈が存在しないと医師により認められること、
③残存する心筋虚血が軽度にとどまると医師により認められること、

7）心筋に壊死を残し、心機能＝運動耐容能の低下が中程度と認められるものは9級11号、
心電図、血液生化学検査または画像所見で、心筋の壊死が認められることが前提条件です。
心機能の低下による運動耐容能の低下が中等度とは、安静や通常の身体活動では支障を生じないが、通常の身体活動より強い身体活動で心筋梗塞による疲労、動悸、呼吸困難、狭心痛を生じると医師により認められるもので、運動耐容能がおおむね6METsを超えるものであり、平地を健康な人と同じ速度で歩くのは差し支えないが、心機能の低下のため平地を急いで歩くと支障があるものを言います。
これらは、運動負荷試験などで立証しています。

8）心筋梗塞後にペースメーカを植え込んだときは、9級11号、

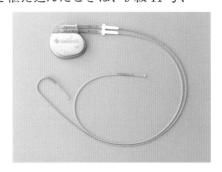

● 胸部の障害

ペースメーカを植え込んだことによる障害と心筋梗塞後の障害とでは、内容、性質を異にしており、これらの等級は併合されています。
心筋梗塞後に出現した不整脈治療のためペースメーカを植え込んだものは、9級11号、
心筋に壊死を残し、心機能＝運動耐容能の低下が軽度と認められるものは11級10号、
上記は併合され、併合8級となります。

9）心筋梗塞後に、除細動器を植え込んだときは、7級5号、

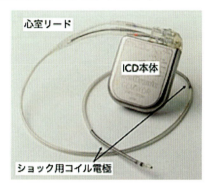

除細動器を植え込んだことによる障害と心筋梗塞後の障害とでは、内容、性質を異にしており、これらの等級は併合されています。

心筋梗塞後に出現した不整脈治療のため除細動器を植え込んだものは、7級5号、
心筋に壊死を残し、心機能＝運動耐容能の低下が中程度と認められるものは9級11号、
上記は併合され、併合6級となります。

14 心挫傷（しんざしょう）、心筋挫傷（しんきんざしょう）

心挫傷は、前胸部表面部に対する強い衝撃で発症しています。
野球のボール、ホッケーのパックの直撃を胸に受ける、ベンチプレス中にバーを自分の胸の上に落下させた、交通事故では、肋骨骨折など、心臓に近い部位に、強度の打撃が加わったときに、前胸部に受けた強い衝撃が心筋に伝道することによって起こると想定されています。

私も、軽四輪のワンボックスを運転中、センターラインオーバーの自動車の衝突を受け、左3、4、5の多発肋骨骨折、胸骨骨折の被害者で、心筋挫傷を経験しています。

前胸部表面部に対する強い衝撃により、心臓が強く圧迫された結果、心筋組織の断裂や壊死、出血、浮腫などが生じます。
多くは、早期の治療対応で、良好な改善が得られていますが、まれに心タンポナーデや心原性ショックなどの重い心機能障害を伴って死に至ることもあります。

胸部外傷後の胸痛や胸内苦悶が主な症状です。
重症例では、心タンポナーデや心原性ショックを合併し、頻脈、不整脈、血圧低下、頻呼吸、四肢冷汗および冷感、頸静脈怒張＝頸静脈が膨れる、意識障害などが現れます。

※胸内苦悶
心筋梗塞、狭心症等に多く現れる症状で、苦悶とは、疼痛に近く、絞扼感、圧迫感、圧搾感、押しつぶす感じ、窒息感、万力で締められる感じ、重量物を載せられた感じ、伸展感、突き刺される感じ、焼けるような感じなどの性質をもち、呼吸ができない、めまいがする、吐き気がする、胃部の重い感じ膨満感などを伴います。

※心原性ショック
急激な心機能の低下により、血圧が低下し、十分な酸素供給ができなくなり、全身の臓器の機能が低下し、放置すると死に至る状態で、重症な急性左心不全状態です。

症状と、心電図検査、血液検査、心臓超音波検査、心臓核医学検査、心臓カテーテル検査などにより確定診断が行われています。
心筋挫傷の治療は、急性心筋梗塞に準じます。
心電図検査で異常が認められればベッド上で安静を保ち、酸素吸入を行って心電図の変化を厳重に監視し、不整脈に対しては抗不整脈薬を投与します。
心原性ショックに対しては、昇圧薬や強心薬の投与など、適切な薬物療法を行います。
また心タンポナーデが認められれば心嚢穿刺＝針をさすや心嚢ドレナージ＝管を挿入して排液するが行われ、重いショック状態であれば、機械を用いた補助循環を行います。

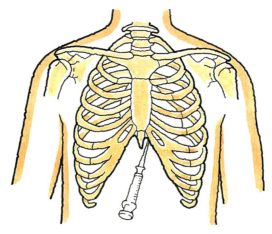

心嚢穿刺術（しんのうせんしじゅつ）

※心臓核医学検査
心臓核医学検査＝心シンチとは、静脈に放射性同位元素を注射し、放出される放射線を撮影して、放射線量をコンピューター処理して画像にし、心臓の血液の流れを映し出す検査です。
放射性同位元素、ラジオアイソトープ、RIを使用するので、シンチグラフィーとかRI検査ともいわれ、甲状腺や肝臓、骨などの病気の検査にも用います。

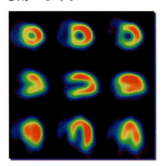

● 胸部の障害

心臓核医学検査には、心プール検査と心筋シンチ検査とがあります。
心臓のポンプとしての機能を調べるのには、心プール検査が行われ、心臓の筋肉を養っている冠状動脈や心筋の中の細い血管などの血液の流れを調べるのには、心筋シンチ検査が行われます。

心プール検査では、心臓の壁の運動や左室駆出率などの心機能がわかり、心筋梗塞や心不全の症状の把握に役立ちます。
心筋シンチ検査では、心筋の血液の流れが描出され、心筋梗塞の有無や広がりを診断できます。
同時に負荷心電図検査を行うことがありますが、この検査では、負荷をかけたときの心機能や、狭心症で心筋に虚血の起こっている場所などが分かります。

心挫傷、心筋挫傷における後遺障害のキモ？

1）本傷病名の後遺障害は、心筋梗塞に準じて審査されています。
症状固定は、受傷から6カ月以上を経過した時点ですが、症状固定以前に、等級の目安を判断する左室駆出率、LVEFを紹介しておきます。

心機能の程度を表す客観的指標に、心エコー検査による左室駆出率の算出があります。

（左室拡張末期容積－左室収縮末期容積×100）÷左室拡張末期容積＝左室駆出率

健常人では、おおむね60％以上を示すのですが、左室駆出率が40％未満に低下しているときは、収縮不全であり、心機能の低下は中等度以上、40％以上であれば、心機能の低下は軽度であると判断されています。

2）心筋に壊死を残し、心機能＝運動耐容能の低下が軽度と認められるものは11級10号、
心電図、血液生化学検査または画像所見で、心筋の壊死が認められることが前提です。

心機能の低下による運動耐容能の低下が軽度とは、心筋に壊死を残しているが身体活動に制限はなく、通常の身体活動では心筋梗塞による疲労、動悸、呼吸困難、狭心痛を生じないと医師により認められるもので、運動耐容能がおおむね8METsを超えるものであり、平地を急いで歩く、健康な人と同じ速度で階段を上るという活動に支障がないものを言い、以下の3つの要件のいずれも満たさなければなりません。

①心機能の低下が軽度にとどまり、現在の臨床所見に将来にわたって著変がないと認められること、
②危険な不整脈が存在しないと医師により認められること、
③残存する心筋虚血が軽度にとどまると医師により認められること、

3）心筋に壊死を残し、心機能＝運動耐容能の低下が中程度と認められるものは9級11号、
心電図、血液生化学検査または画像所見で、心筋の壊死が認められることが前提条件です。
心機能の低下による運動耐容能の低下が中等度とは、安静や通常の身体活動では支障を生じないが、通常の身体活動より強い身体活動で心筋梗塞による疲労、動悸、呼吸困難、狭心痛を生じると医師により

認められるもので、運動耐容能がおおむね6METsを超えるものであり、平地を健康な人と同じ速度で歩くのは差し支えないが、心機能の低下のため平地を急いで歩くと支障があるものを言います。
これらは、運動負荷試験などで立証しています。

4）心筋梗塞後にペースメーカを植え込んだときは、9級11号、

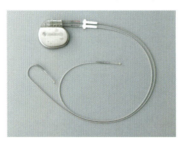

ペースメーカを植え込んだことによる障害と心筋梗塞後の障害とでは、内容、性質を異にしており、これらの等級は併合されています。
心筋梗塞後に出現した不整脈治療のためペースメーカを植え込んだものは、9級11号、
心筋に壊死を残し、心機能＝運動耐容能の低下が軽度と認められるものは11級10号、
上記は併合され、併合8級となります。

5）心筋梗塞後に、除細動器を植え込んだときは、7級5号、

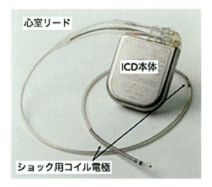

除細動器を植え込んだことによる障害と心筋梗塞後の障害とでは、内容、性質を異にしており、これらの等級は併合されています。

心筋梗塞後に出現した不整脈治療のため除細動器を植え込んだものは、7級5号、
心筋に壊死を残し、心機能＝運動耐容能の低下が中程度と認められるものは9級11号、
上記は併合され、併合6級となります。

15　心臓・弁の仕組み

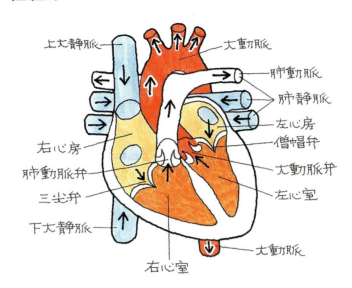

心臓は、全身に血液と酸素を供給する、ポンプの役割を果たしています。
全身に酸素を届けたあとの血液＝静脈血は右心房から右心室へ戻り、肺に送られます。
肺で酸素が供給された血液＝動脈血は、左心房から左心室へ送られ、大動脈を通って全身を循環し、酸素を届けます。この一連の動きは、途絶えることなく、1日に10万回も繰り返されています。

血液の流れを一定方向に維持するために、心臓内の4つの部屋には、弁が設置されています。

①右心房と右心室にあるのが三尖弁、
②右心室と肺動脈の間にあるのが肺動脈弁、
③左心房と左心室の間にあるのが僧帽弁、
④左心室と全身をめぐる大動脈の間にあるのが大動脈弁です。

弁の疾患として、よく耳にするのは、心臓弁膜症です。
これは、老化などの原因で心臓の弁に肥厚や変形が起こり、正常に機能をしなくなった状態のことで、弁が十分に開放しないものを狭窄症、完全に閉鎖しないものは、閉鎖不全症と呼ばれています。
心臓弁膜症のうち最も多いのは僧帽弁の障害によるもので、僧帽弁狭窄症では左心房から左心室への血液がうまく流れず、左心房圧が上昇して肺うっ血を発症、左心房内での血液うっ滞により生じた血栓が原因で脳梗塞を発症することもあります。
僧帽弁閉鎖不全症では、左心房から左心室へ流れる血液が一部逆流するために、左心房への負担が増大して心房細動などの不整脈や心不全症状が現れます。
ここで解説をするのは、外傷を原因とした弁の損傷で、代表的なものは、ピストルの弾丸、鋭利な刃物による穿通性心臓外傷です。

16　心臓・弁の損傷

大多数は、鋭利な刃物や弾丸により、心筋、心膜、心室中隔、弁・腱索・乳頭筋、冠動脈などの損傷をきたした穿通性心臓外傷であり、交通事故では、滅多に経験しないものです。
私は、トラックの荷崩れにより、ロープが掛かっていた鉄製のフックが後方に飛び、後方を走行中の軽トラックの運転手を直撃、大動脈弁を損傷した被害者を担当した経験があります。
金属片が胸部を直撃したような工場内の労災事故であれば、複数例の経験があります。
さすがに、刃物、弾丸の経験はありません。
ネットでは、バイク事故2、自動車事故4、転落1例が紹介されています。

症状は、意識障害、頻脈、頻呼吸、四肢冷感および冷汗などのショック症状を示しています。
心タンポナーデを発症していれば、血圧低下、静脈圧上昇、心音減弱、頸部の静脈が膨れる頸静脈怒張、呼吸に伴い、大きくなったり小さくなったりする脈、奇脈などがみられます。
身体所見、胸部Ｘ線、胸部ＣＴ、心電図、超音波などの検査によって、急ぎ、確定診断が行われます。

治療では、緊急手術が絶対に必要、迅速、適切な外科治療以外に救命する方法はありません。
TV、ERの一シーンですが、重いショック状態で手術室まで移送するのが困難なときは、ER室で緊急開胸を行い、心縫合が行われているようです。
心タンポナーデを起こしているときには、心嚢穿刺や心嚢ドレナージを行い、一時的に状態の改善を図り、引き続いて開胸手術が実施されています。

心臓・弁の損傷における後遺障害のキモ？

１）交通事故、労災事故では、外力により大動脈弁、僧帽弁または三尖弁の弁尖が損傷、腱索または乳頭筋が断裂することが報告されています。
弁尖が損傷し、あるいは腱索または乳頭筋が断裂したときは、弁の閉鎖不全をきたします。
そのため、左心系の弁では、早期に心不全が出現するのですが、三尖弁損傷では、長期間を経過後に症状が出現することが多く、この点にも注意を払わなければなりません。

※尖弁・半月弁・腱索・乳頭筋
尖弁＝房室弁は右心房室間の三尖弁と左心房室間の僧帽弁、半月弁＝動脈弁は、右心室と肺動脈間の肺動脈弁と左心室と大動脈弁間の大動脈弁を言います。
三尖弁と僧帽弁は、腱索と呼ぶヒモで心室にある乳頭筋につながっていますが、動脈弁と大動脈弁は3枚のポケット弁で腱索や乳頭筋とは関係ありません。

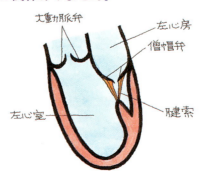

２）機械弁に置換されたときは、9級11号、

機械弁の長所は、優れた耐久性ですが、血栓が形成されやすくなり、脳塞栓や弁の機能不全をきたすこ
とも予想されることから、生涯、抗凝血薬を飲み続けることになり、定期的な受診も必要となります。
代表的な経口抗凝血薬は、エーザイのワーファリンです。
また、抗凝血薬療法では、外傷などで出血すると出血量が大きくなり、出血部位によっては重篤な事態
に至る可能性があり、製造業や建設業など、外傷を負いやすい職種は避ける必要があります。
職種に相当な制限を受けることから、9級11が認定されています。

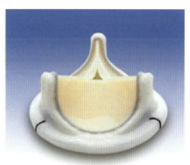

機械弁　　　　　　　　　　生体弁

※人工弁について
生体弁にはステント付きとステントレスがあります。
ステントというのは弁の支柱のようなもので、日本で使われているステント付き生体弁は、ウシの心膜
を利用したものです。ウシの心膜が、開いたり閉じたりするピラピラした弁膜の部分になり、それを支
えるステントは人工物からできています。
心臓に縫いつける、縫いしろの部分も人工繊維からできています。

ステントレスとは、ブタの大動脈弁そのものを加工したもので、ステントの部分がないものです。
ステントレスの最大の利点は、固い部分がなく、弁の柔軟性が保たれ、いろいろな状況で心臓に馴染む、
より生理的で、本来の正常な弁に近いという点です。
もう1つの利点は、人工部分がなく、弁の耐容性はステント付きより優れているという点です。
ただし、技術的には、複雑で経験を要するため、対象は特殊な状況の患者さんに限られています。
今後はさまざまな状況で、この弁が選択される機会が増えると考えられています。

機械弁は、すべて人工の材料で制作されている弁です。
1960年に初めて人体に使用されてから、さまざまなタイプの機械弁が開発されてきています。
現在の主流は、二葉弁といって、主にパイロライティックカーボンという材料でできた半月状の2枚の
板が蝶の羽のように開閉する構造をしているタイプです。

人工弁の評価は、次の3点に凝縮されます。
①耐久性＝長持ちするかどうか、
②血行動態＝弁としての働きはどうか、
③抗血栓性＝血の固まりが付きにくいかどうか、

まず、耐久性に関しては、機械弁が明らかに優れています。

どの年代の人でも一生涯保ちます。
次に、血行動態ですが、現在の主流である二葉弁タイプが最良の出来映えであり、構造や材質に長年にわたり改良が加えられており、ほぼ問題はありません。

最後に、抗血栓性についてですが、一般に、体内を流れる血液の中に人工の物質がさらされると、血液はそれを取り囲むように固まり始めるのです。
この血の固まりを血栓と呼んでいます。
当然、機械弁も心臓の中に挿入すると血栓が付いてしまいます。
現在、かなり血栓が付きにくい材質、構造になってはいますが、まだ薬物の力を必要としています。

3）生体弁に置換されたものは、11級10号
生体弁の長所は、血栓ができにくいこと、感染症に強いことですが、短所としては、耐久性が悪く、一般的には、15年で再置換の必要があると言われています。
生体弁に置換し、抗凝血薬療法を行わないときは、一部の過激な労働には支障をきたすと考えられるところから11級10号が認定されます。

4）生体弁に置換したものであっても、心房細動が慢性化したときは、抗凝血薬療法が不可欠となることから、機械弁に置換したときと同様に、9級11号が認定されています。
つまり、弁を置換、症状固定後も抗凝血薬療法を行うものは、9級11号が認定されるのです。
この辺りが、交通事故後遺障害の奥の深いところです。

5）その他の弁損傷
弁が損傷して機能不全をきたし、心不全の症状があるときは、治療の対象となります。
ところが、弁が損傷していても、外科手術、弁形成術または人工腱索移植術が実施されてはいないが、心不全には至らず、負荷の大きい労作を行うときに、息切れを生ずるものがあります。
弁の損傷は認められるが、身体活動に制限はなく、通常の身体活動では疲労、動悸、呼吸困難を生じない、運動耐容能がおおむね8METsを超えるものと医師が認めるものは、11級10号が認定されます。
運動負荷試験により立証しています。

●胸部の障害

17　大動脈について

1）大動脈とは、体の中心に位置する血液が流れる最も太い動脈のパイプです。

血液の出所は心臓で、心臓は胸の中央部にあり、こぶし大の筋肉でできた袋です。

心臓は脈に合わせて大きく膨らむ、小さくしぼむを繰り返して、袋の中にある血液を体に押し出しているのですが、押し出された血液は、最初に大動脈に流れ出ます。

心臓から押し出された血液は、まず、上行大動脈、頭の方に向かって流れ、弓部大動脈、頚部の下で弓を描き、その後、脊椎の左側、心臓の後ろを通過して、下行大動脈、足の方に流れていきます。

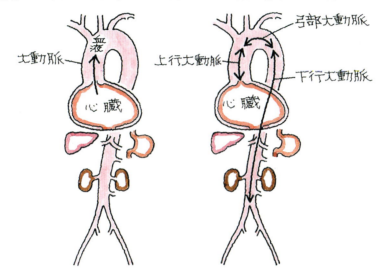

血液の中には酸素と栄養が含まれており、酸素と栄養が体の隅々まで行きわたることで、我々は生命活動を営んでいます。

2）大動脈の枝

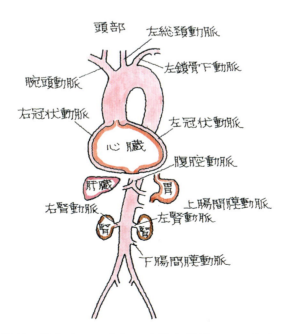

大動脈は途中でいろいろな場所に枝を出して身体に血液を供給しています。

まず、心臓の筋肉に血液を送る枝を出します。

この枝は冠状動脈と呼ばれ、左右に2本走行しています。

冠状動脈は、狭心症や心筋梗塞の原因となる血管です。

弓部大動脈、大動脈が頚部の下で弓状を描く部分では、腕頭動脈、左総頚動脈、左鎖骨下動脈の３つの枝を出しています。そして、足に向かう途中で脊髄に枝を出しています。
腹部に走行する腹腔動脈は、胃、肝臓、膵臓、脾臓に血液を供給する枝、上腸間膜動脈は、小腸、大腸に、左右の腎動脈は、左右の腎臓に、下腸間膜動脈は大腸、骨盤に血液を供給しており、最後に、臍部で左右の足に行く枝に分かれています。

３）大動脈の壁の構造

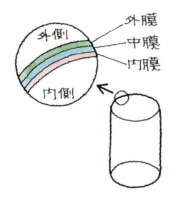

大動脈はパイプ状構造ですが、その壁は１枚ではなく、３層構造となっています。
血液に接する内側から、内膜／中膜／外膜と呼ばれています。
内膜は、内皮細胞が敷き詰められた構造となっており、ベッドで言えばベッドパッド、中膜は、血管の壁が膨張・収縮するのを支える、弾性線維、筋肉であり、ベッドにたとえれば、スプリングマットのような構造、そして、外膜は血管壁を外部から守る線維構造となっています。

18　外傷性大動脈解離（だいどうみゃくかいり）

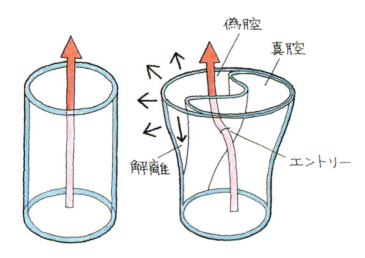

大動脈解離とは、身体の中で一番太い大動脈の壁が裂ける病気で、血管が破裂してショック症状を引き起こし、身体に酸素や栄養が供給されない緊急事態が一瞬のうちに起こります。
病院に到着前に50％の人が亡くなると言われており、致死率の高い、緊急性を要する外傷です。

●胸部の障害

大動脈が縦裂きになった状態を大動脈解離と言います。
縦裂きとは具体的には、内膜のどこかに傷ができ、本来、血液が流れるべき血管の内側から内膜の傷を通して内膜の外に血液が流出し、内膜と外膜が中膜のレベルで剥がれ、裂けてしまう状態のことを言い、解離とは剥がれて、裂けることです。
血液が流れるべきでない場所、偽腔または解離腔にも、血液が流れ、たまりが生じます。
内膜にできた穴をエントリーと言います。
剥がれた内膜のヒラヒラはフラップと呼ばれています。

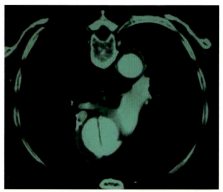

大動脈解離のCT画像
上行大動脈が解離によってフラップで2分されており大動脈が拡大しています。

約70％が高血圧を原因としており、その他には、外傷性、血管の病気、妊娠、大動脈2尖弁の先天的異常がありますが、ここでは外傷性について説明します。
高所からの転落や、交通事故のハンドル外傷など、胸部に大きな衝撃が加えられたとき、大動脈に間接的に衝撃が加わって解離を生じると想定されています。

血管が裂けているときは、裂けている部分に強烈な痛みを発症します。
胸の血管では胸痛、背中なら背部痛、腰の部分では腰痛が生じるのですが、突き刺すような、ときに張り裂けるような強い痛みを生じると表現されています。
痛みは血管の裂けが止まると消失しますが、引き続き、予断を許せない問題が起こります。

①大動脈破裂
解離した大動脈の壁は外膜だけで保たれていますが、外膜は圧がかかると膨らみやすく、大動脈瘤を形成、破れて破裂することがあります。
破裂、大出血をきたすと、急激に血圧が下がりショック症状を示します。
心臓の周囲に血液がたまると、心タンポナーデとなり、心臓の動きを妨げ、放置すれば死に至ります。

②臓器障害

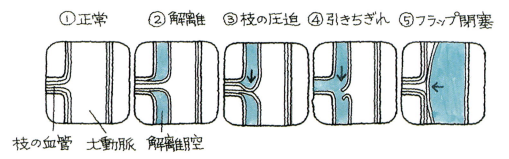

大動脈解離が枝別れ部分に生じると、枝別れ部分が解離腔によって圧迫され、狭窄や閉塞することが予想されます。さらに、その枝別れ部分が引きちぎられ、枝への血流が不良となります。

また枝別れ部分に解離がなくても、他の部分の解離により枝別れ部分が閉塞され、枝の血流が不良となることもあります。大動脈解離により、頭部の血管が閉塞されると脳梗塞となり、冠状動脈の閉塞は心筋梗塞となります。どの枝の血流が不良になっても、命にかかわる症状となります。

③大動脈弁の閉鎖不全
大動脈の始まりは心臓の出口ですが、ここには心臓から出た血液が、再び、心臓に戻ることなく、血液の流れを一方向にするための大動脈弁があります。

大動脈の解離が根元まで進行すると、この弁の枠が壊れ、大動脈弁が閉じなくなり、一度、心臓から大動脈に出た血液が心臓に逆流することも予想されます。

これを大動脈弁閉鎖不全と呼び、心臓には急激な負担がかかり、急性心不全状態となります。
身体の血液の循環は不良となり、重症例では、急激に血圧が低下し、ショック状態を引き起こします。

大動脈解離の主たる治療は、血圧を下げる療法と、手術療法があります。

①血圧を下げる治療
大動脈解離の被害者に、最初に実施される治療方法です。
確実に血圧を下げる必要から、点滴で薬剤が投与され、急性期を過ぎると内服薬で血圧をコントロールしていきます。100 〜 120mmHg 以下がコントロールの目標とされています。

②手術、人工血管置換術
手術では解離した大動脈を人工血管で取り換えるのが一般的ですが、解離した大動脈をすべて人工血管で取り換えようとすると、身体への負担が大き過ぎて、逆に死に至ることも予想されます。
そこで、人工血管置換術では、内膜の傷の場所、解離の広がり、解離した血管の太さ、枝への血液の流れ、被害者の状態等を総合的に勘案して手術する場所を決定しています。

左のイラストですが、上行大動脈に解離があるときは、上行大動脈に解離が無いときに比較して致死率が高いと言われています。

これは上行大動脈に位置する解離では、心臓や頭部に行く血管、大動脈弁などが巻き込まれ、規模の大きい合併症が起こりやすく、また解離した部分が容易に拡大して破裂する危険性が高いためです。上記の理由で、上行大動脈を巻き込んだ大動脈解離は、緊急手術が実施されています。

●胸部の障害

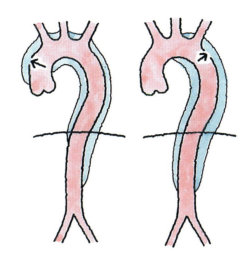

一方、上行大動脈に解離がないときは、下行大動脈が解離しています。
下行大動脈の解離は大動脈の拡大が上行大動脈に比べて穏やかであり、破裂の危険も少なく緊急で手術を行うよりも、まず、血圧を下げる治療で経過を観察、手術を行わないことが一般的です。
しかし、大動脈からお腹の臓器に行く血管に問題が生じているときは、手術が考慮されています。

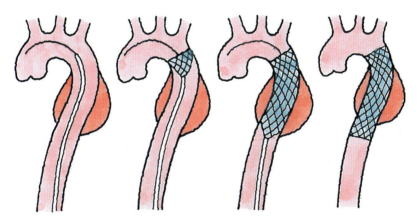

大動脈解離の新しい治療、ステントグラフト

血管が膨らんだ形の大動脈瘤では、大動脈の中を内貼りする人工血管、ステントグラフトを血管の中から挿入し、血管を大動脈瘤と隔離するカテーテル治療が一般に行われるようになりました。
同様の手法を大動脈解離にも用いる治療が始まっています。
足の付け根を5㎝ほど切開、皮膚下の動脈を露出させ、細いさやの中に縮込めた針金のついた人工血管、ステントグラフトを動脈の中に挿入、解離した大動脈の中まで進めます。
ここでさやを引き抜き、さやの中に入っていたステントで大動脈の壁を内貼りします。

ステントの入ったさやを解離した大動脈の中に進め、さやを引き抜き、ステントを解離した大動脈の中で広げ、解離のエントリーを内側から塞ぎ、解離の進展を止めます。

外傷性大動脈解離における後遺障害のキモ？

1）大動脈解離では、真腔と偽腔が交通している偽腔開存型が多いのですが、偽腔に流入した血液が比較的短期間で血栓・器質化し、偽腔に血流のない偽腔閉塞型となることがあります。

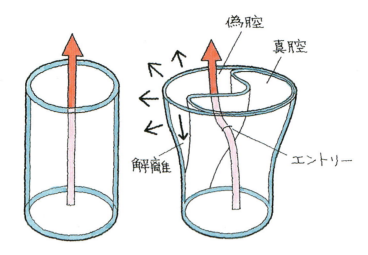

偽腔閉塞型では、解離部の線維化が完成すると、解離部は正常な血管壁よりむしろ強靭となり、破裂する危険はなくなると考えられており、後遺障害の認定はありません。

2) 偽腔開存型を残しているものは、11級10号、

ピラピラの偽腔開存型を残しているものは、大動脈径の拡大を避けるという観点から、血圧の急激な上昇をもたらすような重労働は制限されることになり、労務に一定の制限が認められ、11級10号が認定されています。もっとも、日常生活や通常の労働に制限が生じることはありません。

19　心肺停止(しんぱいていし)

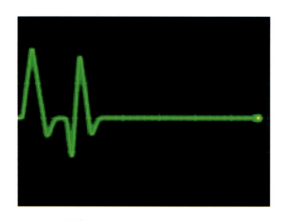

心肺停止とは、心臓と呼吸が止まった状態で、医療現場では、CPAと呼ばれています。

心臓の動きが先に、肺呼吸が先に停止する、この2通りですが、いずれであっても、放置すれば、間違いなく2つは合併し、心肺停止状態となります。
しかし、蘇生の可能性が残されているために、死亡ではありません。

脳に血液が供給されず、手遅れとなれば、命はとりとめても、脳死状態になる危険があります。
心肺停止の患者に対しては、人工呼吸や心臓マッサージなど迅速な救命措置が必要となります。
心肺蘇生法はCPRと呼ばれています。

※メディアの心肺停止

余談ですが、最近のメディアでは、自然災害や交通事故などで、心肺停止、心肺停止状態と表現することが増えています。日本では、医師が心・呼吸・脈拍の停止と瞳孔散大を確認して死亡宣告することで、法的に死亡が確定しています。
医師以外でも、心・呼吸停止を確認することは可能ですが、死亡宣告をすることはできません。

事故・災害現場で、まだ救出されておらず、医師も近づけない状態の遺体や、病院に搬送途中の遺体は、医師による死亡が未宣告であることから、心肺停止と表現されているのです。

心肺停止における後遺障害のキモ？

1）ドラマでは、心肺停止の主人公に、必死の思いでAED＝除細動器を使用し、主人公が一瞬飛び上がって心臓が動き始め、ハッピーエンドを迎えるシーンがあります。
一般に、心肺停止であっても5分以内に蘇生ができれば、脳内には、まだ酸素が残っており、なんの障害も残さないとの報告も目にしています。

ところが、交通事故による肺や心臓の外傷で心肺停止に陥ったときは、その後に蘇生したとしても、急性心筋梗塞を除いて、心停止前より、重篤な不整脈が出現しやすくなることがあるのです。

2）不整脈に対応する必要から、ペースメーカの植え込み術が実施されたときは9級10号

ヒトは、心室性頻脈性不整脈や徐脈性不整脈等が出現することで、心肺停止をきたします。
臨床経験上も、心肺停止では、蘇生後、重篤な不整脈が出現する割合が相当に高い、心停止後の蘇生では、重篤な不整脈が心停止以前よりいっそう出現しやすくなると報告されています。

3）不整脈に対応する必要から、除細動器の植え込み術が実施されたときは7級5号
心停止後の蘇生で、除細動器植え込み術が実施された後、1年間の除細動器の作動率が30〜40％の高率であったとの報告もなされています。

4）心肺停止が5分以上では、蘇生を実現できても、虚血性により、脳に不可逆性の変化を起こし、高次脳機能障害を残すことが予想されます。
このケースでは、脳の障害に関する認定基準により、後遺障害等級が認定されることになります。

20　過換気症候群

胸部の外傷で紹介する傷病名の中で、最も軽傷なもので、後遺障害を残すこともありません。
肩の力を抜いて、学習してください。

ヒトが生きるには新鮮な酸素が必要であり、呼吸によって吸い込んだ酸素は全身を巡り、細胞の中で消費されて二酸化炭素となり、肺から呼吸によって吐き出されています。
つまり、呼吸とは、酸素を吸って二酸化炭素を吐き出すことなのです。

さて、過呼吸とは、呼吸が速く、浅くなることですが、この発作を目の当たりにすると、間断なく息を吐き続けるのですが、息を吸うことを忘れてしまい、白目をむいて倒れるような印象です。
つまり、ヒトが無意識に行う、自然な呼吸のパターンが崩壊している状態なのです。

これまでの交通事故無料相談会で、複数回を経験しており、最初は、驚愕、うろたえました。
その後、過換気症候群を知ってからは、慣れっことなり、紙袋を手渡し、この袋の中で反復呼吸をするように指示をして対処しています。
そうすると、2、3分で元通りとなり、落ち着きを取り戻しています。

過換気症候群とは、精神的な不安を原因として過呼吸になり、その結果、息苦しさ、胸部の圧迫感や痛み、動悸、めまい、手足や唇のしびれ、頭がボーッとする、死の恐怖感などを訴え、稀には失神することもある症候群のことです。
当然ですが、放置しておいても、この症状で死に至ることはありません。

几帳面で神経質な人、心配症であり、考え込んでしまう人、10～20代の若者に多いとの報告がなされていますが、私が経験しているのは、すべて30代～40代の女性で、交通事故受傷後に、非器質性精神障害である不安神経症やパニック障害の診断がなされている被害者に限定されています。

医学的な考察を行うと、過換気症候群では、呼気からの二酸化炭素の排出が必要量を超え動脈血の二酸化炭素濃度が減少して血液がアルカリ性に傾き、そのことによって、息苦しさを感じるとされています。
血液がアルカリ性に傾くことを、医学では、呼吸性アルカローシスと言います。

そのため、無意識に延髄が反射し、呼吸を停止させ、血液中の二酸化炭素を増加させようとするのですが、大脳皮質は、呼吸ができなくなるのを異常と捉え、さらに呼吸を続けるように命じます。
この繰り返しで、血管が収縮し、軽度では手足のしびれ症状、重度であれば筋肉が硬直します。
それらが悪循環を続けると、発作がひどくなってくるのです。

先に、対処方法としてペーパーバッグ法を説明していますが、現在は、誤った処置とされています。

呼吸の速さと深さを自分で意識的に調整すれば、2～3分で、症状は自然に治まります。
万一発作が起きたとき、周囲の人は、なにもせず、安心しなさいと、被害者を落ち着かせた上で、

①息を吐くことを、患者に意識させ、ゆっくりと深呼吸をさせる、
②吸うことと、吐く比率が、1：2をめざして呼吸をさせる、

③一呼吸に、およそ10秒で、少しずつ息を吐かせる、
④胸や背中をゆっくり押して、呼吸をゆっくりするように促す、
上記の呼吸管理で、二酸化炭素を増やしつつ、酸素を取り込んでいくことが勧められています。

過換気症候群における後遺障害のキモ？

1）過呼吸は、非器質性精神障害が治癒すれば消失することから、後遺障害の対象ではありません。

2）非器質性精神障害については、精神科、心療内科に通院して治療を続けることになります。
過呼吸を緩和する治療や、薬はありませんが、非器質性精神障害の治療が進むと、過呼吸は自然消滅しています。
これまでに、症状固定段階で、過呼吸発作が問題とされたことは1例もありません。

3）非器質性精神障害では、交通事故との因果関係を巡って厳しい審査が行われており、丁寧に立証したとしても14級9号がやっとの状況です。

21　肺血栓塞栓
　　　　はいけっせんそくせん

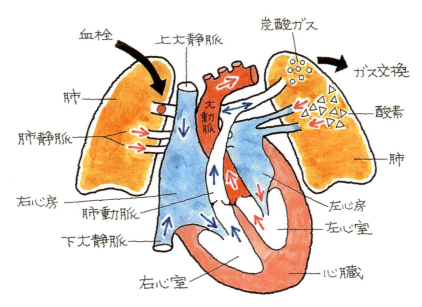

心臓から肺へ血液を運ぶ血管である肺動脈に、血液や脂肪の塊、あるいは空気などが詰まり、肺動脈の流れが悪くなる、閉塞してしまうことを肺塞栓症と呼んでいます。
血栓が原因では、血栓塞栓、脂肪では脂肪塞栓、空気では空気塞栓と呼ばれています。
これらの中では、肺血栓塞栓症が最多となっていますが、交通事故で発症することは稀です。

次に多いのは、交通事故や外傷などで、下腿骨を骨折したとき、骨髄にある脂肪が血液の中に入り、静脈を通って肺に詰まる脂肪塞栓で、複数例を経験しています。

余談ですが、最後の空気塞栓は、疾患ではなく、自殺目的です。
静脈に空気を注射すると、その空気は泡となり、血管の中を流れ、最後は肺で詰まるのです。

知り合いの心臓外科医は、七転八倒の苦しみであり、自殺の中では、最悪の選択と言っています。

肺血栓梗塞は、塞栓により、肺組織への血流が途絶え、その部位から先の肺が壊死するものです。
代表的には、下肢の静脈内でできた血栓が肺に詰まるエコノミークラス症候群です。

飛行機を利用する海外旅行では、座ったまま、長時間同じ姿勢で過ごすことが多く、下肢の深部静脈内にうっ血が生じ、この血流の停滞で、血液が固まり、血栓ができることが予想されます。
目的地に到着、飛行機から降りようと立ち上がり、歩き始めたときに、血栓が血液の流れに乗って移動し、肺動脈を閉塞するのです。

長時間の座位を続けるのではなく、ときどき、下肢の屈伸運動をする、脱水にならないように水分を十分に補給することが、予防になります。

22 肺脂肪塞栓(はいしぼうそくせん)

骨折の合併症の中で、最も重篤なものです。
骨折により損傷した骨髄中の脂肪滴が、静脈内に入り、脂肪滴が静脈を通じて大量に全身に循環した結果、肺や脳などに脂肪による塞栓が生じると、重篤な呼吸・神経麻痺を起こします。

多発外傷＞骨盤骨折＞大腿骨骨折＞脛骨骨折の順で発症の可能性が高く、上腕骨骨折、頭蓋骨骨折、胸骨骨折や肋骨骨折では、全くと言っていいほど報告がありません。

骨折と脂肪塞栓の因果関係について、外傷後の骨折の結果、体内の脂肪代謝が変化し脂肪塞栓を引き起こしているのではないか？　そんな学説もあり、現在も、原因は特定されていません。

通常は受傷後、12〜48時間の潜伏期を経て発症、多くは発熱、頻脈、発汗が初症状で、過半数の症例に前胸部や結膜に点状出血＝赤いポツポツが見られます。
肺に塞栓が生じたときは、胸痛、頻呼吸、呼吸困難の症状を訴え、低酸素脳症に発展したときは、意識障害を起こします。
詰まった脂肪が大きく、太い血管に詰まったときは、ショック状態で死に至ります。

余談ですが、歌手のフランク永井さんは交通事故ではありませんが、この低酸素脳症で歌手復帰ができないまま、お亡くなりになりました。

呼吸症状のために急速なヘモグロビンの低下を招き、動脈血ガス分析＝動脈中の二酸化炭素や酸素量を調べる検査では、70mmHg以下の低酸素血症を示します。

●胸部の障害

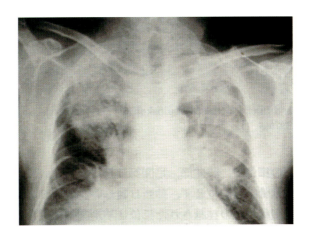

肺に塞栓が認められるケースでは、肺のXPで、両肺野に特有の snow storm ＝吹雪様の陰影が見られ、脳内に塞栓が生じたときは、MRIで、急性期には点状出血に一致してT2強調で白質に散在する高信号域の小病巣がみられます。

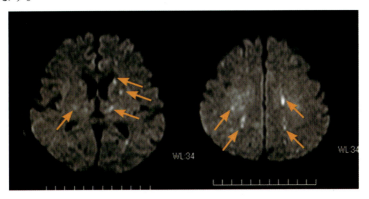

意識障害出現時MRI（拡散強調像）

突然の胸痛や呼吸困難では、まず心電図と胸部X線検査、血液検査が行われます。
次に、血液ガス分析で低酸素、心臓超音波検査で右心不全を認めれば本症が疑われ、造影CTによって、肺動脈内の塞栓を確認すれば、確定診断となります。

確立した治療法はなく、呼吸循環管理などの対処療法が主体で、ステロイドの大量投与が行われています。

※ステロイド
ステロイドとは、両方の腎臓の上端にある副腎から作られる副腎皮質ホルモンの１つです。
ステロイドホルモンを投与すると、体内の炎症を抑えたり、体の免疫力を抑制したりする作用があり、さまざまな疾患の治療に使われています。

肺脂肪塞栓では、ステロイドの大量投与により、肺毛細血管塞栓により生じた浮腫を改善すること、細胞障害を阻止し、栓子の融解による局所の炎症を阻止することで肺血流を改善させる効果が報告されています。

※ステロイドの副作用＝ステロイド離脱症候群
ステロイドホルモンは、2.5～5mg程度が生理的に分泌されていますが、それ以上の量を長期に内服し

たときは、副腎皮質からのステロイドホルモンが分泌されなくなります。
急にステロイド薬の内服を停止すると、体内のステロイドホルモンが不足し、倦怠感、吐き気、頭痛、血圧低下などを発症することが報告されています。

肺脂肪塞栓における後遺障害のキモ？

1）頭部外傷　高次脳機能障害認定の3要件？
①頭部外傷後の意識障害、もしくは健忘症あるいは軽度意識障害が存在すること、
②頭部外傷を示す以下の傷病名が診断されていること、
③上記の傷病名が、画像で確認できること、

そして、②の頭部外傷の傷病名には、脳挫傷、急性硬膜外血腫、びまん性軸索損傷、急性硬膜下血腫、びまん性脳損傷、外傷性くも膜下出血、外傷性脳室出血、低酸素脳症と記載されています。
この低酸素脳症が、肺脂肪塞栓、脳脂肪塞栓に合併する後遺障害、高次脳機能障害となります。

2）肺脂肪塞栓、脳脂肪塞栓は、全例、入院中に発症しています。
発症率は、長管骨単純骨折の0.5〜3％ですが、大腿骨骨折に限定すれば33％、そして、死亡率は5〜15％と報告されています。

ネットでは、14歳男児の右脛骨開放骨折後の脂肪塞栓症候群が報告されています。
右脛骨開放骨折に対しては、全身麻酔下に徒手整復が実施されました。
麻酔を終了して2時間の経過で発熱、軽度の意識障害が認められたのですが、直後から、急激に呼吸状態が悪化、意識障害と両側肺野の線状陰影が認められたことから、電撃型脂肪塞栓と診断され、人工呼吸管理を含む集中治療が実施され、後遺障害を残すことなく治癒、めでたし、めでたしの結果が得られています。

3）酸素供給が停止すると、大脳で8分、小脳で13分、延髄・脊髄では45〜60分を経過すれば、組織は死滅し、生命を失います。
つまり、8分以内に呼吸が確保されないと、低酸素脳症による高次脳機能障害を合併するのです。
入院中であり、早期に発見されても、8〜10分以内の対応は簡単なことではありません。

私の経験則ですが、20歳の男性、勤務を終え、会社の寮に原付単車を運転して戻る途中の交通事故で、現場近くの救急病院に搬送され、傷病名は、右脛・腓骨開放性複雑骨折でした。
オペから2日目に、治療先で面談したのですが、普通に、会話ができる状態でした。
しかし、術後3日目に胸苦しさを訴え、直後に、意識を消失しました。
直後、気管切開が行われ、救命治療が実施されたのですが、意識を回復するのに40日を要しました。

この被害者は呼吸停止による脳内の酸素不足により、致命的な脳損傷を合併し、その後の治療にもかかわらず、高次脳機能障害として3級3号の後遺障害等級が認定されました。

脂肪塞栓では、当初の傷病名からは予測できない急変で、生死にかかわる事態を迎えるのです。

現在のところ、これを防止する有効な手立てはありません。

4）本件の後遺障害の立証は、高次脳機能障害に同じです。
症状固定は、受傷から1年後で、的確な神経心理学的検査で、日常生活、社会生活の支障を丁寧に立証していかなければなりません。
詳細は、頭部外傷後の高次脳機能障害のところで解説をしています。

23　外傷性胸部圧迫症

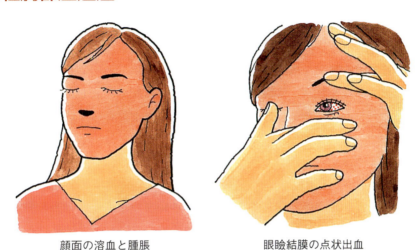

顔面の溶血と腫脹　　　　眼瞼結膜の点状出血

外傷性胸部圧迫症は、機械に挟まれる、階段で将棋倒しになる、土砂に埋まるなど、胸部を強く圧迫されて発症します。
交通事故では、2人乗りでバイクを運転中、自動車と衝突、バイクの後部に同乗中の被害者が投げ出され、胸部を強くたたきつけたことで発症した例を経験しています。

声門が閉鎖された状態で、胸郭に大きな外力を受けると、気道内圧と血管内圧が上昇します。
大静脈、頚静脈には、逆流防止の弁がなく、胸部圧迫により上大静脈圧が上昇し、頭頚部や肺の小静脈や毛細血管が破綻、出血することにより、顔面や頚部を中心に紫紅色の腫脹と多数の溢血斑が出現、外傷性胸部圧迫症独特の顔となり、加えて、眼瞼結膜の点状出血も認められます。
意識障害や肺におけるガス交換障害により、低酸素血症が生じることがあります。
低酸素血症と脳障害のレベルにより、後遺障害等級も決まります。

※声門

閉じた状態　　　　開いた状態

声門とは、左右の声帯の間にある、息の通る狭いすきまで、声帯とはのどにある2枚のヒダです。
2枚のヒダが合わさり、高速振動することにより、声が出るのです。
ヒトが呼吸をしているときは、空気を多く通すために声帯は開いています。
声門が閉鎖しているとは、息を止めているときです。
また、声を出そうとすると、声帯付近の筋肉が緊張し、声帯のヒダが互いに寄せられます。
寄せられた声帯の間から息が通り抜けることで、声帯は振動し、声になるのです。

顔面・頚部の点状出血と、皮膚が紫色になるチアノーゼ、舌や口唇の腫脹、眼瞼結膜の点状出血、意識障害などが現れます。
肋骨骨折や肺挫傷を伴うときにも、これらの症状が出現します。

外傷性胸部圧迫症自体に対する特別な治療法はありません。
意識障害があれば、気道の確保を急ぎ、低酸素血症に対しては、酸素吸入や人工呼吸療法、血胸や気胸を合併していれば、胸腔ドレナージなど、症状にあわせた治療が選択されています。

※事故現場における気道の確保
回復体位＝横を向いて寝る側臥位をとらせて、舌根が沈下することによる気道閉塞を予防します。
呼吸運動が不十分なときは、あお向けの仰臥位とし、マウスtoマウスの人工呼吸を開始します。
呼びかけに対する反応がなければ、ただちに心肺蘇生法を開始しなければなりません。

※結膜下出血

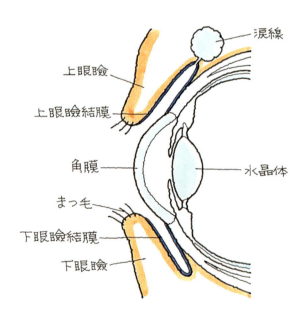

結膜に存在する大小の血管が破れて、結膜の下に出血が広がるもので、小さな点状から、斑状や眼球結膜全体を覆う広範なものがあります。
目がごろごろしますが、痛みなどはなく、眼球内部に血液が入ることもないので、視力の低下、視野の狭窄はありません。時間の経過で、自然に吸収されるので、心配することもありません。

正面から見える目の表面は、黒目は角膜、白目は強膜で覆われています。
このうち、白目はさらに膜で覆われており、それを眼球結膜と呼んでいます。

眼球結膜は目の奥で反転、上下のまぶたの裏側まで覆っています。
まぶたの裏側の膜は、眼瞼結膜と言います。
角膜は血管を持っていませんが、結膜には、大小の血管が多数存在しています。

外傷性胸部圧迫症における後遺障害のキモ？

1）肺脂肪梗塞と同じで、低酸素血症による脳障害のレベルが後遺障害の対象となります。

意識障害が認められるも、気道が確保され、入院による呼吸管理で低酸素血症に至らないときは、後遺障害を残しません。

2）顔面の溶血と腫脹、眼瞼結膜の点状出血も、時間の経過で吸収され、改善が得られます。

●腹部の障害

24　腹部臓器の外傷

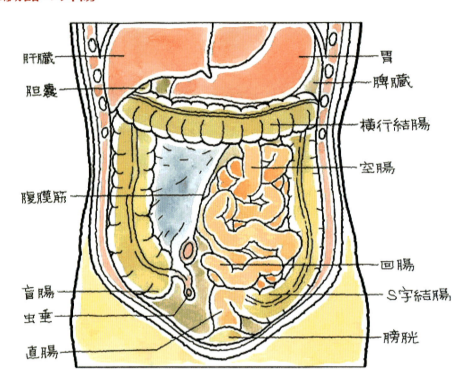

さて、胸部臓器の外傷については、23の傷病名と後遺障害のキモを解説しました。
ここからは、腹部臓器の外傷と後遺障害のキモを解説、学習していきます。

さて、腹部の臓器は、実質臓器と管腔臓器の2種類に分類されています。
肝臓、腎臓、膵臓、脾臓、胆嚢は、中味がシッカリと詰まった実質臓器であり、胃、十二指腸、小腸、大腸などの、消化管は管腔臓器と呼ばれています。

交通事故では、腹部が強い衝撃を受ける鈍的外傷により、実質臓器や管腔臓器が損傷しています。
バイクの運転者が転倒・衝突する、車やバイクに歩行者が跳ねられるものが大多数で、腹部外傷の43％は、交通事故受傷を原因としています。
ナイフや拳銃による鋭的外傷に比較すると、損傷の範囲が大きいのが特徴です。

腹部内臓の外傷では、まず出血しているか？
どこで出血しているか？　これらの検証が重要です。
中心的役割を果たすのは、腹部超音波検査と造影剤を用いたCT検査です。

腹部超音波検査は、ベッドサイドでできる、器具を当てるだけの検査で、痛みを伴いません。
数十秒の検査時間で、腹腔内に出血があるかないかを調べることができます。
出血しているときは、繰り返し腹部超音波検査を行うことによって、出血が増えてくるかどうかを調べることもできます。
しかし、エコー検査では、出血源を探し当てることが困難です。

したがって、出血が増えてくるときは、造影剤を用いたCT検査を追加します。
CT検査であれば、腹部超音波検査と比較して腹部や背部の深部まで観察が可能で、造影剤を用いることによって出血の勢いも描出することができます。

最近のMDCTは、30秒程度の検査時間で、腹部内臓の外傷を詳細に描出することが可能であり、腹部の外傷の診断に大きく貢献しています。

1）実質臓器損傷の治療

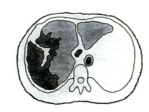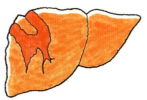

肝損傷

実質臓器は、衝撃によって破裂することがあり、ほとんどで、損傷部分からの出血を伴います。
それぞれの臓器は、肝臓は胆汁、腎臓は尿、膵臓は膵液などの体液を作っており、実質臓器の損傷部分から、これらの体液が腹部に漏れ出すことがあります。
出血や体液が腹部に漏出すると腹膜炎を発症します。
実質臓器の損傷部からの出血や体液の漏出は、致命傷になることもあり、緊急的な治療を要します。

治療の中心は出血と体液漏出の制御ですが、オペによる外科的治療と、カテーテル治療があります。実質臓器損傷の手術は、損傷部分からの出血を糸で縛る、破裂した組織を縫合することで止血する、体液の漏出部分を修復するなどが行われています。
組織の損傷が強く、いずれの方法でも止血や修復が難しいときは、部分切除術が行われます。
できるだけ臓器を残す温存手術が望ましいですが、損傷が著しいときは、全摘術が選択されます。

出血量が大量で、止血機能が破綻して、血が止まらないときは、オペを中止し、大量の手術用ガーゼで出血部分を圧迫止血した状態で、集中治療室に収容されます。
輸血、保温など、止血機能を回復させる処置を行い、オペが再開されています。
これは、ダメージコントロール手術と呼ばれています。

カテーテル治療は、軽傷から中等症での適応となります。
出血の制御では、体外からカテーテルを出血源近くまで挿入し、カテーテルから止血用の塞栓物質を注射して、血管の中から血管を詰めて止血する方法で、経動脈的塞栓術、TAEと呼ばれます。
体液の漏出に関しては、貯留した体液を体外から針を刺して体外に誘導する方法があります。

これによって、自然治癒を促す方法であり、経皮的穿刺ドレナージ術と呼ばれています。

2）管腔臓器損傷の治療

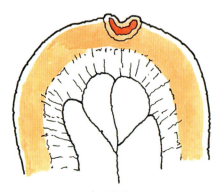

小腸損傷

管腔臓器は、衝撃によって内腔の圧力が急上昇し、破裂することがあります。
そうなると、破裂部から食物や便などの内容物が漏れ出します。
内容物が腹腔内に漏出すると、強い腹膜炎を起こし、放置すると致命傷となります。
管腔臓器損傷の治療法は、原則として外科的手術が選択されています。
治療の要点は、損傷部を修復する、汚染物質を体外に排出することです。
管腔臓器損傷の手術方法は、損傷部位により異なります。
胃や小腸損傷では、破裂部分を縫合する、挫滅部分を除去して再度、吻合します。

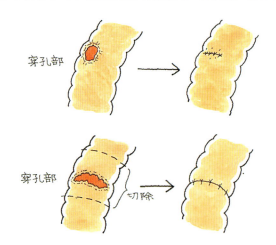

十二指腸損傷や大腸損傷も、破裂部分が小さく、挫滅が少ないときは、縫合術ですが、炎症や挫滅が強いときは、複雑な手術が選択されています。

十二指腸には、胆汁と膵液が分泌されています。
胆汁と膵液は、蛋白や脂肪の消化酵素として働くために、組織の修復を著しく阻害することになります。
よって十二指腸損傷の重症型では、複雑な手術が必要になります。

大腸損傷は、腸内容物が糞便であるので、細菌による腹膜炎が最も強くなります。
細菌性腹膜炎は、細菌が血管内に侵入し、全身を循環し、敗血症を起こしやすくなります。
敗血症で血圧が下がりすぎたショック状態では、大腸の破裂部分を切除して再度吻合しても、吻合部が閉じないことがあり、再度、糞便が漏出、腹膜炎が悪化し、それが致命傷になることがあります。

●腹部の障害

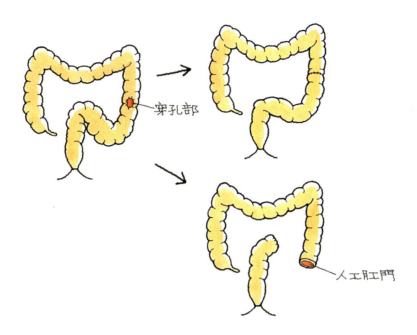

悪循環を断ち切る必要から、破裂部を体外に引き出し、一時的に人工肛門とするオペが行われます。
まず、人工肛門を作成し、その後、体力が回復した時点で、通常の修復術が行われます。
これは、二期手術、ダメージコントロール術と呼ばれています。

25　実質臓器・肝損傷(かんそんしょう)

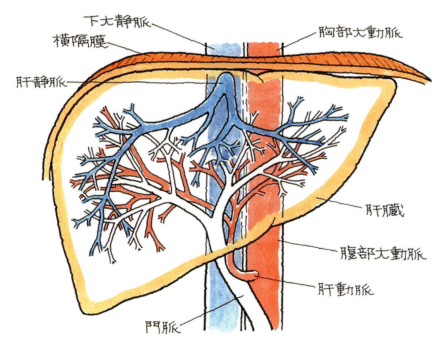

肝臓は、右上腹部に位置する体内最大の臓器です。
重さは成人で1200～1400gあり、心臓から送り出される血液量の25％に相当する1分間に1000～1800mℓの血液が流れ込んでいます。

肝臓は判明しているだけで500種類の働きをしていますが、大きくは4つの機能に要約されています。
①胆汁の生成と分泌

②炭水化物、脂肪、蛋白、ビタミンの代謝・合成・分泌・貯蔵
③胃、腸管から血液中に侵入した細菌や異物の捕捉
④生体異物、薬物などの代謝

人間の生命維持活動に重要な機能を果たしているのですが、5分の4を切除しても、やがて元の大きさに戻るという他の臓器にない復元力も備えています。

交通事故では、バイクの運転者が転倒・衝突する、車やバイクに歩行者が跳ねられ、腹部を強打することにより肝損傷をきたしています。
さらに、肝臓は容積が大きく、被膜が薄いことから強打で損傷を受けやすく、腹腔内臓器の中では、最も損傷されることが多い臓器となっています。

肝臓には、肝臓動脈と門脈の2つの大きな血管から血液が流入し、静脈血は2本の肝臓静脈を通じて下大静脈に流出しています。
肝臓は血流が豊かであり、胸部大動脈や下大静脈など、太い血管と接しているところから、損傷レベルによっては、大出血および出血性ショックが予想されるのです。

※日本外傷学会における肝損傷の分類

Ⅰ型　被膜下損傷
肝被膜の連続性が保たれているものであり、腹腔内出血を伴わないもの
①被膜下血腫

②中心性破裂

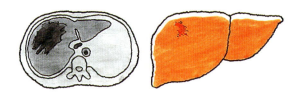

Ⅱ型　表在性損傷
深さ3cm以内の損傷であり、深部の太い血管、胆管の損傷はなく、死腔を残さず縫合が可能なもの

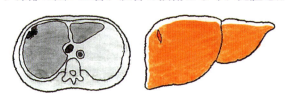

Ⅲ型　深在性損傷

●腹部の障害

深さ3cm以上の深部に達している損傷であり、単純型では、組織挫滅が少なく、組織の壊死を伴わないもの、複雑型は、挫滅、壊死が認められ、循環動態の不安定を伴います。

①単純型

②複雑型

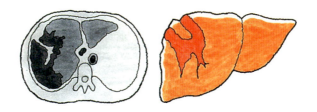

肝損傷における後遺障害のキモ？

1）交通事故による肝損傷では、後遺障害を残しません。
私のHPでは、肝臓の機能障害について、以下の2つを掲示しています。

ウイルスの持続感染が認められ、かつGOT・GPTが持続的に低値を示す肝硬変では、9級、
ウイルスの持続感染が認められ、かつGOT・GPTが持続的に低値を示す慢性肝炎では、11級、

これは、医療従事者の針刺し事故などによるウイルス性の慢性肝炎、これに由来する肝硬変や肝癌を想定した労災保険の認定基準であり、輸血によるB、C型肝炎に感染することを予想して掲載したものですが、現在では、献血用血液から感染血液を除くスクリーニング法が採用されており、輸血後肝炎の発症は激減しています。もっとも、完全に消滅したのではありません。

さらに、GOTはAST、GPTはALTに、呼び方が変更されています。
AST、ALTのいずれも、基準値は、30 IU/L以下です。

※AST、ALT
AST、ALTは、どちらもトランスアミナーゼと呼ばれる酵素で、人体の構成要素であるアミノ酸をつくる働きをしています。トランスアミナーゼは肝細胞中に多く存在しているため、主に肝細胞傷害で血中に逸脱し、酵素活性が上昇します。
このため肝機能検査と呼ばれ、広く使用されています。
ASTとALTの違いは由来する臓器の違いです。
ALTは主に肝臓に、ASTは肝臓のみならず心筋や骨格筋、赤血球などにも広く存在しています。
AST、ALTがともに高値、あるいはALTが単独で高値では、肝障害の可能性が高くなります。
ASTが単独で高値では、心筋梗塞や筋疾患、溶血性貧血など肝臓以外の疾患が予想されます。

2）Ⅰ、Ⅱ、Ⅲの単純型では、出血を止めるとともに、肝部分切除や縫合等の治療が行われています。肝臓は、相当部分を亡失したときでも、比較的短期間で再生するところから、術後、肝臓の機能が低下したとしても、症状固定段階では、機能は正常に回復するとされています。

Ⅲの②複雑型で、止血ができないときは、死に至るので、後遺障害の議論になりません。

26　実質臓器・胆嚢損傷(たんのうそんしょう)

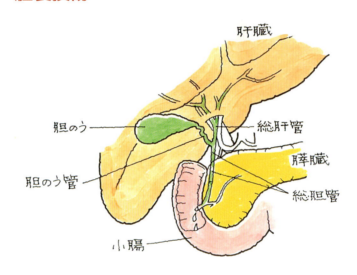

27　胆嚢破裂(たんのうはれつ)

胆嚢は肝臓の下にある小さな器官で、肝臓で作られた胆汁の濃縮・貯蔵を行っています。
胆汁は、脂肪分を乳化して消化吸収をサポートする役割を有しており、必要に応じて胆管と呼ばれる管を通って十二指腸の中に排出されます。肝臓で作成される胆汁を蓄え、濃縮するのが胆嚢であり、胆嚢と肝臓、十二指腸をつないでいるのが胆管です。

多数例ではありませんが、交通事故では、腹部の強打により胆嚢破裂を発症することがあります。

ネットでは、4例が紹介されています。
①症例は、25歳男性、車を走行中に他車と正面衝突し、胸腹部を強打し救急車にて搬送された。
腹部CT検査にて腹腔内に異常を認めず、右季肋部に自発痛を認めるものの、筋性防御を認めないため保存的治療を開始した。
受傷後20時間に腹膜刺激症状、筋性防御を認めたため再度腹部CT検査を施行したところ、胆嚢壁の肥厚と腹腔内の液体貯留を認めたため手術を施行した。
腹腔内には胆汁様腹水を認め、胆嚢頚部に漿膜は保たれているものの損傷を認めたため胆嚢摘出術を行

なった。

②症例は、34歳男性、モトクロス競技中に転倒し、自動二輪のハンドルで腹部を打撲、近医受診したがCT上異常なしと診断され帰宅、腹痛継続するため当院受診。
腹部CTで胆嚢内の出血と胆嚢周囲および肝臓と右腎臓の間に液体貯留を認め、胆嚢破裂による腹膜炎を併発していると思われ、緊急開腹胆嚢摘除術を行った。
摘出胆嚢には、頚部付近の胆嚢壁に穿孔を認めた。
術後30日目に軽快し退院となった。

③症例は、15歳の男子、サッカーの試合中に転倒し、腹部を強打した。
来院時のバイタルサインは安定しており、右季肋部に軽度の圧痛を認めたが、筋性防御などの腹膜刺激症状は認めなかった。
血液検査では軽度の肝胆道系酵素の上昇を認めたが、他の異常所見は認めなかった。
腹部CT検査では胆嚢壁の浮腫状肥厚、壁内の高吸収を示す陰影を認め、胆嚢壁内血腫と診断した。臨床所見が安定していたため、保存的治療を行った。
保存的治療で右季肋部の圧痛は消失し、検査所見の悪化も認めず、受傷後6日目に退院となった。
受傷後1カ月のCT検査では、壁の肥厚は残存していたが血腫は消失していた。
受傷後3カ月のCT検査では、異常所見を認めなかった。

④症例は、49歳の男性、飲酒運転中の交通事故で受傷し来院した。
来院時には軽度の腹痛を認めるのみであった。
自覚症状に乏しかったが、受傷6日後に総ビリルビン値が5.0mg/dlまで上昇した。
点滴静注胆道造影併用CT、ERCを施行し、胆嚢破裂と診断、受傷後16日目に手術を施行した。
開腹すると、腹腔内に胆汁性の腹水を認めた。
胆嚢底部から体部にかけて肝床より剥がれており、体部前壁に直径8mmの破裂孔を認めた。
合併損傷を認めず胆嚢摘出術と腹腔ドレナージを施行した。
受傷直後より腹部所見に乏しく、食事摂取、歩行も可能であり、結果的に受傷から手術に至るまで時間を要した。胆嚢破裂の診断にはDIC-CT、ERCが有用であった。

※季肋部（きろくぶ）
肋骨のすぐ下、鳩尾（みぞおち）と呼ばれる部分のことです。

※筋性防御（きんせいぼうぎょ）
腹腔内になんらかの急性炎症が起こると、反射的にその部分の腹壁が緊張して硬くなり、外から触れられるようになります。例えば、急性虫垂炎では右下腹部に筋性防御が現れます。
この現象は炎症によって刺激された腹膜と同一の脊髄神経の支配領域にある腹壁筋肉が反射的に緊張しているもので、緊張の強さは刺激の強さとほぼ一致しています。
腹腔内の炎症が腹膜に達していないときは、この症状は現れません。

※DIC-CT
点滴静注胆嚢胆管造影法と呼ばれるもので、点滴により、胆汁中に排泄されるヨード造影剤の投与を

行った後にCTを撮影し、胆嚢や胆管を詳しく調べる検査方法です。

※ERC
内視鏡的逆行性胆道造影と呼ばれる。側視鏡を用いて十二指腸乳頭よりチューブを挿入、総胆管・肝内胆管・胆嚢管・胆嚢といった胆道系と膵管を造影する検査方法です。

胆嚢破裂では、吐き気、右肋骨下部の疼痛、悪寒、胆嚢周辺の圧迫と腫れにより皮膚が黄色くなる＝黄疸、発熱、嘔吐などの症状が出現します。

治療先では、胆嚢破裂の有無を調べるために、次のような診断検査が行われます。
腹部超音波検査、腹部CT、DIC-CT、ERC、放射性造影剤を体に注入後特殊なカメラで記録する胆道シンチグラフィー、血液検査では、白血球数、CRP、赤血球沈降速度に注目します。
いずれも、炎症反応では、数値が増加します。
血中のビリルビンやALP、LAP、γ-GTPなどの胆道系酵素の上昇がみられます。

胆嚢壁内血腫による胆嚢浮腫など、損傷の程度が軽ければ、絶食、輸液、抗生物質の使用による保存的治療ですが、胆嚢破裂では、オペによる切除術が選択されます。

胆嚢破裂における後遺障害のキモ？

１）胆嚢を摘出しても、胆汁を作るのは肝臓ですから、貯蔵・濃縮する場所はなくなりますが、胆汁は、直接、肝臓から十二指腸へ供給されます。
当初は軟便が続くとしても、身体が慣れれば、濃度が薄い胆汁でも問題はないと言われていますが、すべてが以前と全く同じというわけではありません。

私が担当した被害者に共通することは、
焼肉やステーキなど、肉類を食べた次の日の便通がいつもと違うと言います。
うまく消化されていないことが実感できるとのことで、普段は、すんなりの便通も、思うように出なくてスッキリせず、ようやく便通があっても、すぐにお腹を下すのだそうです。

厚生労働省も、胆嚢を摘出した後において、完全に通常の生理状態に戻るわけではなく、通常に比して脂肪の消化吸収機能の低下をもたらすから、食事制限や食事の摂取時間に制約が生じるなど、一定の支障を生じるのが通常であるとしています。

以上から、交通事故により胆嚢を摘出したものは、13級11号が認定されています。

２）胆嚢を摘出しても、通常の日常・社会生活が送れるとの理由で、逸失利益を認めない、もしくは認めたとしても３～５年の喪失期間を提案する保険屋さんには、要注意です。

現状、NPO交通事故110番は、後遺障害等級が認定された被害者については、重過失事案、自損事故を除いて、全件、連携している弁護士対応による解決としています。

騙しのテクニックに引っかけられることはありませんが、過去には、弁護士ですら、これに騙されている例を、複数経験しています。
油断は、大敵です。

28　管腔臓器・肝外胆管損傷
かんがいたんかんそんしょう

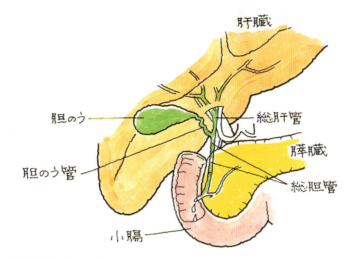

交通事故で胆嚢が破裂、摘出術を受けました。
胆嚢の摘出では、13級11号の後遺障害等級が認定されます。

胆嚢は、肝臓で作られた胆汁を12分の1に濃縮して貯蔵しているのですが、胆嚢が摘出されても、胆汁は肝臓で生産されており、胆管を通じて十二指腸に供給されます。
胆嚢が摘出されれば、胆汁を濃縮する機能は失われます。
しかし、身体が慣れてくれば、若干の支障があっても、ヒトの生存には問題がありません。
では、胆嚢ではなく、胆汁を通過させている肝外胆管が損傷されるとどうなるのでしょうか？

交通事故では、肝外胆管が離断、断裂することがあります。
これを放置すると、腹膜炎となり、やがては敗血症で死に至ります。
離断、破裂となると、Tチューブなどで胆管を吻合するオペが実施されていますが、それでも修復できないときは、空腸を用いた胆管空腸吻合などによる再建術が行われています。

しかし、胆道再建術を行うも、胆管狭窄を生じることがあります。
胆管狭窄では、胆汁の通過障害によって、胆汁のうっ滞を生じ、肝障害や黄疸、腹痛、発熱の症状が出現し、狭窄が長期化すると、胆汁うっ滞性の肝硬変に進行、死に至ります。
ヒトが生きるためには、なんとしてでも、肝外胆管を修復しなければならないのです。

肝外胆管損傷における後遺障害のキモ？

肝外胆管が修復されれば、後遺障害を残すことはありませんが、通常、胆道再建術を行ったときには、胆嚢は摘出されることが多数例で、そうなると、胆嚢摘出により、13級11号が認定されています。

※胆嚢摘出後症候群
胆嚢の摘出術を受けたあとに、上腹部の痛みや不快感、発熱、黄疸、吐き気などを発症し、胆道の運動異常に原因があると考えられるものを胆嚢摘出後症候群と呼んでいます。

胆嚢摘出後に症状がみられたとき、詳細な検査を行うと、胆道に空気が入り込む胆道気腫症や十二指腸乳頭部、総胆管の十二指腸への出口が狭くなっていたりすることがありますが、中には、症状は続いているが、どんなに検査を行っても、胆道や周囲の内臓に原因となる病気が見つからないことがあり、このような例を胆嚢摘出後症候群と呼んでいます。
胆道の運動異常の一種と考えられており、胆道ジスキネジーと診断されることもあります。

血液検査やX線検査、超音波検査で胆道の病気であることが疑われれば、CTやMRI検査、胆道造影検査などで診断を確定していきます。
胆道にも周囲の臓器にも異常がみられず、胆嚢摘出後症候群が疑われるときは、放射性同位元素を用いたシンチグラフィーによる胆道の機能検査が行われることもあります。
治療は、胆汁の流れをよくする薬や、胆管の機能を改善するような薬などを内服することにより治療を行っていきます。

ほどなく、症状は改善しますので、胆嚢摘出後症候群で後遺障害が認定されることはありません。

※胆汁の成分
水分　約97%
胆汁酸　約0.7%
ビリルビン（胆汁色素）　約0.2%
コレステロール　約0.06%

※総胆管の長さは、10～15cmで、太さは6mmです。

29　実質臓器・膵臓損傷(すいぞうそんしょう)

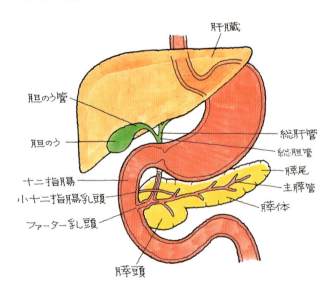

● 腹部の障害

膵臓の働き

膵臓はおたまじゃくしのような形で、胃の後ろに位置する長さ15cmの臓器で、消化液を分泌する外分泌機能とホルモンを分泌する内分泌機能の2つの機能を有しています。

膵液は、膵管を通して十二指腸内へ送られ、糖質を分解するアミラーゼ、たんぱく質を分解するトリプシン、脂肪を分解するリパーゼなどの消化酵素、核酸の分解酵素を含んでいます。
また、膵臓のランゲルハンス島細胞からは、ブドウ糖の代謝に必要なインスリン、グルカゴン、ソマトスタチンなどのホルモンが分泌されています。
インスリンは、血液中のブドウ糖によりエネルギーを作るのですが、インスリンの不足、働きが弱くなると肝臓・筋肉・脂肪組織などの臓器でブドウ糖の利用や取り込みが低下し、血中のブドウ糖が増えることになり、血液中の血糖値が高くなります。
逆に、血液中の糖が低下すると、グルカゴンが分泌され、肝臓に糖を作らせて血糖値を上昇させます。
インスリンとグルカゴンによって、血液中のブドウ糖の量が一定になるように調節されているのです。

膵臓は、食物を消化し、ホルモンによって糖をエネルギーに変えるという、2つの働きを調節する役割を果たしているのです。

膵臓は胃の後面の後腹膜腔に位置しており、前方向からの外力では、損傷されにくい臓器です。
損傷を受けたとしても初期に診断することは難しく、膵臓液が腹腔内に漏れて激しい腹痛を訴えるようになってから膵臓損傷が疑われています。

とは言え、日本では、交通事故による膵臓の損傷が増加しています。
バイク、ワンボックスの軽四輪では、ハンドルやダッシュボードなどで腹部を強打することにより、損傷しているのです。

事故直後は、おへその上部に、軽度の痛みを訴えるのみですが、時間の経過で、痛みは強くなり、背部痛、吐き気を訴え、実際に嘔吐することもあります。

血液検査により、膵臓の酵素の1つ、アミラーゼの血中濃度がチェックされています。
一度正常化した値が、再び上昇するときには、膵臓損傷が疑われます。
主膵管損傷を伴う膵臓損傷は、造影CTにより診断されています。
所見が明確でないときは、12時間後に再度、造影CTを行うか、内視鏡的逆行性膵胆管造影が実施され、確定診断がなされています。

主膵管損傷を伴う膵臓損傷に対しては、膵臓摘除術が選択されています。

膵臓損傷における後遺障害のキモ？

1）膵臓が切除されると、外分泌機能が障害され、低下することが通常とされています。
膵臓の部分切除がなされており、上腹部痛、脂肪便および頻回の下痢など、外分泌機能の低下に起因する症状が認められるときは、労務の遂行に相当程度の支障があるものとして11級10号が認定されています。

※脂肪便とは、消化されない脂肪が便と一緒にドロドロの状態で排出されるもので、常食摂取で1日の糞便中、脂肪が6g以上であるものを言います。

2）膵臓周囲のドレナージが実施されるも、部分切除が行われていないときは、
①CT、MRI画像で、膵臓の損傷が確認できること、

②上腹部痛、脂肪便および頻回の下痢など、外分泌機能の低下に起因する症状が認められ、かつ、PFD試験で70％未満または、糞便中キモトリプシン活性で24U/g未満の異常低値を示していること、

上記の2つの要件を満たしているときは、11級10号が認められています。

医学的に、外分泌機能の低下が認められるときは、血液検査で、血清アミラーゼまたは、血清エラスターゼの異常低値を認めれば、11級10号が認定されています。

※PFD試験＝膵臓の外分泌機能検査
膵臓は2つの異なる働きをしており、1つは、食物の消化に必要な消化酵素、炭水化物を分解するアミラーゼ、蛋白を分解するトリプシン、脂肪を分解するリパーゼなどを含んだ膵液を十二指腸に分泌する外分泌機能です。2つ目の作用は、血糖を下げるインスリンと血糖を上げるグルカゴンを血液中へ分泌して、血糖を調節する内分泌機能です。

PFDは、膵臓の外分泌機能検査法の1つです。
薬剤を服用後、6時間尿を採取する方法ですので、体に負担はかかりません。
膵臓の外分泌機能が低下するような病気で、異常値、低値を示します。
この薬剤は小腸から吸収され、肝で化学変化を受けた後、腎から排泄されます。
したがって、膵外分泌機能の低下以外に、小腸における吸収低下のある場合、肝機能や腎機能低下のある場合にも、尿中の値は低下します。

早朝空腹時排尿後に、BT-PABAというPFD試薬500mgを水200mlとともに服用します。
開始6時間後の尿を全部集め、尿量を測ります。
採取した尿の一部を使って、尿中PABA濃度を比色測定し、尿中PABA排泄率（％）を計算します。正常値は71％以上です。

※糞便中キモトリプシン活性測定試験

便の一部を採取して、その中に含まれる膵酵素の1つであるキモトリプシンの働きを調べる検査です。
厚生労働省の診断基準では、外分泌機能検査としてPFD試験と便中キモトリプシン活性測定をあげており、2つの低下を、同時に2回以上認めることを求めています。
基準範囲は 13.2U/g です。

しかし、ネットでは、試薬が作られなくなり、現在は行われていないと、複数掲載されています。

※アミラーゼ、エラスターゼ
アミラーゼとは、膵臓から分泌される消化酵素の1つで、以前はジアスターゼと呼ばれていました。
分泌されたアミラーゼは、血液中に流出し、血中に含まれますが、この血中に含まれるアミラーゼが血清アミラーゼです。
アミラーゼの基準値は、40 〜 132 IU/ℓ で、低下が認められるのは 39 以下です。

エラスターゼは、動脈壁や筋肉の腱を構成するエラスチンという成分を分解する酵素のことで、膵臓、白血球、血小板、大動脈などに存在しています。
エラスターゼには1と2がありますが、血中にはエラスターゼ1が圧倒的に多く、こちらで検査が行われています。血液を採取し、遠心分離機で分離した血清部分を分析器で測定します。
エラスターゼ1の基準値は、72 〜 432ng/dℓ で、低下が認められるのは 71 以下です。

3）次は、膵臓の内分泌機能の低下です。
これは、経口糖負荷検査により判定することになります。
①正常型　膵損傷後に障害を残さないものであって、
空腹時血糖値＜ 110mg/dℓ かつ 75gOGTT 2時間値＜ 140mg/dℓ であるもの

②境界型　膵損傷後に軽微な耐糖能異常を残すもの
空腹時血糖値≧ 110mg/dℓ または 75gOGTT 2時間値≧ 140mg/dℓ であって、
糖尿病型に該当しないもの

③糖尿病型　膵損傷後に高度な耐糖能異常を残すもの
空腹時血糖≧ 126mg/dℓ または 75gOGTT 2時間値≧ 200mg/dℓ のいずれかの要件を満たすもの。
要件を満たすとは、異なる日に行った検査により2回以上確認されたことを要します。

内分泌機能の障害による後遺障害の認定基準は、
①経口糖負荷検査で境界型または糖尿病型と判断されること、
インスリン投与を必要とする者は除かれています。

②インスリン異常低値を示すこと、
インスリン異常低値とは、空腹時血漿中のC-ペプチド＝CPRが0.5ng/mℓ以下であるものを言います。

③2型糖尿病に該当しないこと、

上記3つの要件を満たせば、内分泌機能の障害として、11級10号が認定されています。

※経口糖負荷検査
空腹時血糖値および75gOGTTによる判定区分と判定基準

血糖測定時間		判定区分
空腹時	負荷後2時間	
126mg/dℓ以上	200mg/dℓ以上	糖尿病型
糖尿病型にも正常型にも属さないもの		境界型
110mg/dℓ未満	140mg/dℓ未満	正常型

75gOGTTの手順は、
①前夜21:00以後絶食で、朝まで空腹のまま来院させる。
②空腹のまま採血し、血糖値を測定します。
③ブドウ糖75gを溶かした水を飲ませる。
④ブドウ糖を負荷した後、30分、1時間、2時間後に採血し、血糖値を測定します。
⑤糖尿病型、正常型、境界型のいずれかを判定します。

※2型糖尿病
1型糖尿病は、インスリンを作り出す膵臓＝膵βベータ細胞が破壊・消失することで発症します。
2型糖尿病は、過食や運動不足などの生活習慣が発症に関係しています。
交通事故を原因として、2型糖尿病を発症することはありません。
したがって、2型糖尿病の治療の基本は、生活習慣改善のための食事療法や運動療法ですが、1型糖尿病の治療は、インスリンを継続的に適切に補充することです。

4）外分泌機能と内分泌機能の両方に障害が認められるときは、服することができる労務が相当な程度に制限されると考えられるところから、9級11号が認定されています。

5）膵臓損傷では、膵臓の切除術が実施されることが一般的ですが、術後は、腹部にドレーンが挿入され、膵液の漏出に対応しています。

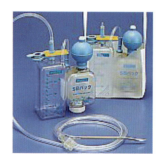

膵液は、脂肪、蛋白、炭水化物を分解するための消化酵素を含んだ液です。
重症の膵液瘻では、多量の膵液漏出があり、電解質バランスの異常、代謝性アシドーシス、蛋白喪失や局所の皮膚のただれ、びらんが生じ、膵液ドレナージと膵液漏出に伴う体液喪失に対しては、補液、電解質を供給するなどの治療が必要となります。
つまり、このレベルでは、治療が必要であり、症状固定にすることはできません。

しかし、軽微な膵液瘻で、治療の必要性はないものの、難治性のものが存在しているのです。
これが続くと、瘻孔から漏れ出た膵液により、皮膚のただれ、びらんを発症します。
軽度な膵液瘻により、皮膚にただれ、びらんがあり、痛みが生じているときは、局部の神経症状として12級13号、14級9号のいずれかが認定されています。

※代謝性アシドーシス
ヒトが生存していくには、体内の酸性とアルカリ性を、良いバランスに保たなければなりません。
これを、酸塩基平衡と呼ぶのですが、具体的には、pH＝水素イオン濃度が7.4の状態です。
酸は、酸性、塩基は、アルカリ性、平衡は、バランスをとることなのです。
pHの数値が7.4以下となると、酸性に傾く＝アシドーシス、以上では、アルカリ性に傾く＝アルカローシス状態となります。酸性の物質が体内に増えればアシドーシスとなるのですが、アルカリ性の物質を大量に喪失しても、酸性に傾きます。

ひどい下痢で、アルカリ性の腸消化液を大量に喪失すると、pHは酸性に傾く、アシドーシス状態となり、皮膚は弱酸性、腸液はアルカリ性ですから、下痢でお尻がヒリヒリするのです。
ヒリヒリは、ただれることですが、医学となると、びらんと難しく表現するのです。

6）膵臓全摘、糖尿病型でインスリンの継続的投与が必要なもの

未経験ですが、交通事故では、不可逆的損傷も予想され、上記はあり得ることなのです。
交通事故で肝臓が破裂し、修復が不能のときは死に至ります。
ところが、胆嚢や膵臓の破裂では、全摘術が行われているのです。
膵臓全摘で生存するには、インスリン注射を継続しなければなりません。
2006年7月、作家の吉村昭さんは、膵臓癌により79歳で亡くなりましたが、同年の2月に膵臓全摘術を受け、全摘後は、4時間おきにインスリンの注射を続けました。

労災保険では、膵臓全摘、糖尿病型でインスリンの継続的投与が必要なものを治癒とすることは適当でないと結論しています。

では、自動車保険では、どうでしょうか？
症状固定を先送りにすれば、本件交通事故の解決も、自動的に先送りとなります。
これを保険屋さんが認めるとも思いませんが、被害者としても、宙ぶらりんでは、困ります。
やはり、示談書に付帯条項を盛り込み、いずれかの時点で、症状固定を決断することになります。

この場合の等級は、残存した後遺障害の労働能力におよぼす支障の程度を総合的に判定することとされており、具体的な認定基準は、定められていません。
そして、膵臓全摘であっても、軽作業を前提に、就労復帰されている例もあります。
全摘だから、無条件で別表Ⅰの1級2号ではなく、個別に、支障を立証していかなければなりません。

30　実質臓器・脾臓

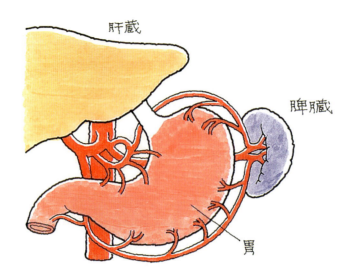

脾臓は、握りこぶしの大きさ、空豆のような形、スポンジ状の軟らかいリンパ系の器官で、生体防御のための、以下の3つの機能を有しています。
①老化した赤血球を破壊し、除去することです。
健康な赤血球は脾臓内の網目構造をすり抜けますが、老化、変形した異常赤血球は脾臓内に引っかかり、破壊され、肝臓に移されます。
②脾臓は血小板の貯蔵庫としての働きがあり、全血小板数の3分の1を貯蔵し、必要に応じてこれを放出しています。
③リンパ球は、脾臓で作られており、抗体を作って免疫を付与しています。

脾臓損傷（ひぞうそんしょう）

交通事故では、腹部左側の強い打撲や、高所からの転落により、破裂しています。

外傷により脾臓を損傷すると、ほとんどで、摘出術が選択されています。
温存では治療が困難なことが多く、さらに、摘出後の人体に対する影響は基本的にはなく、あったとしても、極めて軽微であることが、摘出が選択される理由となっています。
交通事故による脾臓の損傷では、完治か、脾臓摘出かの二者択一となります。

脾臓摘出における後遺障害のキモ？

1）脾臓を摘出しても、特に、症状が現れることはありません。

したがって、脾臓を失っても、職種制限や業務に制限が生じることはありません。
機能障害の存在が明確であって労働に支障をきたすものの、11級10号にはおよばないとして、胆嚢の摘出と同じ、13級11号が認定されています。

2）実質臓器の脾臓を摘出しても、なんの問題も、影響もおよぼさないのか？
脾臓は、ヒトの最大のリンパ器官であり、摘出後は、免疫機能を低下させることが指摘されています。

脾臓は、肺炎球菌や髄膜炎菌、インフルエンザ菌などの莢膜を持った細菌に対して有効な防御機能を有しており、脾臓を摘出した患者は、特に肺炎球菌、髄膜炎菌または、インフルエンザ菌による感染症に罹患しやすいとされているのです。
WHOも肺炎球菌ワクチンを接種すべきリスクの高い患者として、脾臓摘出者を掲載しています。
成人にあっても、脾臓を摘出した者は、敗血症や播種性血管内凝固症候群を起こす比率が高いと報告されています。
脾臓摘出では、免疫機能を低下させ、感染症に罹患する危険性を増加させることがあるのです。

脾臓摘出による13級11号でも、この点に着目、シッカリと主張して、フル期間で逸失利益を請求、これを保険屋さんに、認めさせなければなりません。

※莢膜を持った細菌
莢膜＝きょうまくとは、肺炎球菌や髄膜炎菌、インフルエンザ菌など、限られた真正細菌が保有するもので、菌の周囲に、透明な粘液質またはゼリー状の膜で、均一な厚さで層を作っているのです。
白血球による攻撃など、ヒトの免疫機構で排除されることを回避する、怖い働きを有しています

※播種性血管内凝固症候群（はしゅせいけっかんないぎょうこしょうこうぐん）
正常な血管内では、血管内皮の抗血栓性や血液中の抗凝固因子の働きにより、血液は凝固しないような仕組みを有しています。
播種性血管内凝固症候群＝DICは、外傷、急性白血病、前立腺癌、肺癌、敗血症などにより、過剰な血液凝固反応が生じ、体内の抗血栓性の制御が不十分となり、全身の細小血管内で血栓が多発して臓器不全となる予後不良の疾患です。

31　管腔臓器・胃

食事のあと、食道を通過して胃に到達した食べ物は、どのように処理されているのか？
胃は、筋肉が袋状となった器官で、大きく分類すると、消化と殺菌の2つの役割を果たしています。
胃は、食道から運ばれてきた食べ物を消化します。
胃には伸縮性があり、満腹時には1.5リットルの大きさに膨らみます。

1つ目の消化ですが、食道を通過した食べ物は、蠕動運動により、破砕され、胃液と混ざり合って、粥状になるまで消化されたあと、十二指腸へと送り出されていきます。

胃では、消化は行われていますが、水や糖分、アルコールなど、ごく一部のものは吸収されるものの、

栄養の吸収は、ほとんど行われていません。

2つ目の殺菌ですが、胃液の性質は、ほとんどの蛋白質を変性させてしまう強力な酸性です。
胃液の成分は、塩酸、ペプシノーゲン、粘液の3つで構成されています。
胃液は、食べ物とともに進入してきたウイルスや細菌の増殖を抑え、殺菌する効果を果たしています。

胃の入り口を、噴門、出口を幽門と呼んでいます。
噴門は、胃液や胃の内容物が食道に逆流しないように、栓の役目を果たしています。
幽門は、いつもは閉じており、食べ物が消化されて十二指腸へ送られるときに限り、開いています。

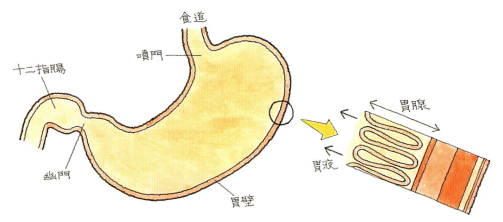

胃の表面の胃壁は、粘膜で覆われています。
この粘膜には、3000～4000万個の小さな穴、胃腺が開いており、そこから1.5～2リットルの胃液が絶え間なく分泌、供給されています。

※ゲップ
ビールや飲料水の炭酸、食事のときに飲み込んだ空気は、胃の底部にたまります。
たまった空気が一定量に達すると、胃の収縮によって噴門が開き、口から放出されるのです。

大人はともかく、赤ちゃんのゲップについて、講釈を続けます。
赤ちゃんは、母乳やミルクを飲みながら、同時に、息もしています。
喉頭蓋が大人よりも高い位置にあり、息をしながら、ミルクを飲み続けることができるのです。
これはメリットですが、デメリットは、胃の中に、大量の空気が入り込むことです。

そして、赤ちゃんは、自力でゲップを出すことができません。
ミルクをしっかり胃の中に入れて消化吸収させ、飲んだミルクを吐くことなく、また気管が詰まり、息苦しくならないように、空気がお腹を圧迫しないようにするためには、食後のゲップ出しは、親にとって重要な役目となるのです。
生後4カ月を過ぎて、首がすわる頃には、赤ちゃんの口からのどは、大人と同じ構造に近づくので、息をしながらミルクを飲めなくなり、空気も飲み込み過ぎないように調整できるようになります。
子どもの親であれば、誰もが、悩み、経験することです。

32 外傷性胃破裂(がいしょうせいいはれつ)

さて、交通事故では、バイクの運転者が転倒・衝突する、車やバイクに歩行者が跳ね飛ばされ、腹部を強打、腹部をひかれて、また衝撃によって内腔の圧力が急上昇し、胃が破裂することがあります。

ネットでは、3例が報告されており、掲載しておきます。

①24歳の男性、交通外傷、肺と胃の破裂例
2回の手術後もショックから離脱できずACSから心停止、心肺蘇生による胃縫合部破綻を生じたが、緊急開腹減圧術で救命しえた。
蘇生後のショックを伴う重症腹膜炎のため、胃破裂部再縫合や切除再建は困難と判断、DCを採用し、腹腔ドレナージによる一時閉腹を行い、ICUで代謝失調補正後、再手術で閉腹を行った。重症腹膜炎ショック例では、ACSは致死因子として念頭におくべきで、膀胱内圧、呼吸循環動態、尿量変化に注目、ACSと判断したときは、DCの概念に基づく躊躇ない緊急開腹減圧が必要となる。

※ACS　急性冠症候群
ACSは、心筋に酸素と栄養を供給している冠動脈に形成された動脈硬化性の脂質の塊が突然に破裂し、血栓が形成され、冠動脈の血流が減少あるいは途絶して起こります。
臨床的には不安定狭心症、急性心筋梗塞、心臓突然死などをさしています。

※DC　ダメージコントロール
重傷外傷で、代謝性アシドーシス、血液凝固障害、低体温の3徴が切迫したときは、大規模な根治的手術の侵襲を続けると、外傷死が予想されることになります。
こんなときは、呼吸と循環にかかわる治療を最優先とし、それ以外は、全身状態が良くなってから、2期的に再手術とすることがあります。
初回手術は、ダメージコントロール術として、開胸・開腹術では、ガーゼ圧迫留置や単純結紮など止血と、汚染の回避に徹した簡易術式が選択されています。

②症例は52歳の男性、左胸部を角材にて打撲、左第7肋骨骨折にて入院中に受傷後4時間を経過して吐血を生じ、内視鏡により胃粘膜裂傷と診断され緊急手術となった。
鈍的外傷では、胃損傷は稀なため、胃は検索を忘れがちな臓器であるが、急激に発症する例もあるため慎重に対処する必要がある。
本例は、鈍的外傷による胃粘膜裂傷例として本邦文献報告例では3例目にあたり、吐血を初発症状とした最初のものである。

③患者は64歳の男性、交通事故による腹部打撲と吐血を主訴に救急搬送された。
腹部CTでFree Air、腹腔内出血を認めたため、胃破裂疑いで緊急手術となった。
手術所見は胃前壁の体下部から幽門前庭にかけて約7cmの破裂創と胃角部小弯に出血性潰瘍を認め、また、上腸間膜静脈右縁にて膵の完全断裂を認めた。
出血は胃潰瘍によるものと判断した。
止血のために胃切除施行し膵温存のため、膵尾側の膵胃吻合を施行した。

急性期の経過は順調であったが、軽度の膵液瘻を認めた。
退院6カ月経過後でも血糖値、膵外分泌機能には異常を認めなかった。
自験例と文献的考察から消化管破裂や大量出血を合併した症例では、膵温存術式として膵胃吻合は適した再建法であると考えられた。

※ Free Air
胃や腸に穴が開き、そのガスがお腹の中に漏れたときは、胃以外の部分、肝臓の上あたりの本来は空気がないはずの部位に空気が写るのですが、これをFree Airと呼んでいます。

医師が、ネットで開示している情報は、以下の2つが中心で構成されています。
①どのようにして外傷を発見したか？
②どのような手術を行って救命したか？
つまり、救命した時点で、レポートは終了しているのです。
医師は、救命には心血を注ぎますが、後遺障害には無関心であることを理解してください。

本編では、以下の3つをテーマに、記事出しを続けています。
①どのような後遺障害を残すのか？
②残した後遺障害は、どんな検査で立証していくのか？
③そして、予想される後遺障害の等級は？

私の悪戦苦闘をご理解いただければ、なによりの幸いです。

胃の破裂における後遺障害のキモ？

1）結論先行で説明します。
交通事故で、胃の噴門部or幽門部を含む一部が摘出されたものは、13級11号が認定されます。
画像により、摘出を立証します。

2）胃の全部を摘出したもの、
胃の噴門部、もしくは幽門部を含む一部が摘出され、消化吸収障害、ダンピング症候群、逆流性食道炎のいずれかが認められるものは、11級10号が認定されます。
摘出は画像で、その他は、5) 6) 7) を参照してください。

3）胃の全部を摘出し、ダンピング症候群、または逆流性食道炎を認めるもの、
胃の噴門部、または幽門部を含む一部が摘出され、消化吸収障害およびダンピング症候群、または、逆流性食道炎を認めるものは、9級11号が認定されます。
摘出は画像で、その他は、5) 6) 7) を参照してください。

4）胃の全部が摘出され、ダンピング症候群と逆流性食道炎を認めるときは、7級5号が認定されます。
摘出は画像で、その他は、6) 7) を参照してください。

● 腹部の障害

5）ビタミンB、鉄分、カルシウムを除く、消化吸収障害
胃の全摘により、消化吸収障害が生じるのは、以下の2つを原因としています。
①胃酸・ペプシンの欠如、または不足により、消化不能のまま食餌が腸管に移動すること、
②噴門や幽門機能を喪失することで、未消化のままの食餌が腸管に移動すること、

多くの被害者は、体重減少、食欲不振、下痢、腹鳴などを訴えます。
消化吸収障害は、脂肪、蛋白質、炭水化物の順で障害され、臨床所見あるいは自覚症状として現れないときでも、胃の全摘では、生体に与える影響は大きいのです。

消化吸収障害が認められるには、以下の2つの要件を満たさなければなりません。
①胃の全部、または噴門部、もしくは幽門部を含む一部が切除されていること、
②低体重などを認めること
低体重等とは、BMIが20以下のものを言い、術前と比較して10％以上減少したものを含みます。

※BMI
体重と身長から、人の肥満度を示す体格指数で、体重÷（身長）^{2}で求めます。
BMI指数は、22が標準値であり、最も病気になりにくい状態と言われています。
BMIが25以上では、肥満と判定され、生活習慣病を引き起こす可能性が懸念されます。

6）ダンピング症候群
早期ダンピング症候群は、食事中や食後30分以内に、血管運動失調性の症状を伴う腹部症状として発症しており、具体的には、冷汗、動悸、めまい、失神、全身倦怠感、顔面紅潮、頭重感などの全身症状と腹鳴、腹痛、下痢、悪心、腹部膨満感などが列挙されます。

また、晩期ダンピング症候群は、食事摂取後2～3時間で発症するもので、冷汗、全身脱力感、倦怠感、気力喪失、めまい、時に失神、痙攣などの低血糖症状を呈しています。

2つのダンピング症候群に対する治療は、食事指導を主体とした保存的治療であり、食事内容を変更するとともに、1回の量を少なく、回数を増やすこと、食後しばらくは、横臥にて安静とすることなどが指導されています。

症状が残存していても、労働能力に与える支障の程度は、比較的軽度なものですが、ダンピング症候群が認められるには、以下の2つの要件を満たす必要があります。
①幽門部を含めて胃の切除がなされていること、
②2つのダンピング症候群の、いずれかの症状を呈することが医師の所見により認められること

7）逆流性食道炎
逆流性食道炎は、胃液あるいは腸液が食道内に逆流するために生ずるもので、
胃の噴門部は損傷していないが、胃酸の分泌が多いことなどにより逆流を生じるものと、
噴門部を手術により失ったときに生じるもの＝術後逆流性食道炎の2種類があります。
後遺障害の対象は、当然ながら、術後逆流性食道炎となります。

逆流性食道炎の症状としては、胸やけ、胸痛、嚥下困難、吐き気、または食欲不振等が生じます。
横臥すると逆流が起こりやすく、夜間に症状が出現して睡眠が妨げられることがあります。
保存的療法、殊に対症療法として薬剤の投与は継続的に必要とされますが、通常、手術等の積極的治療は、行われていません。
逆流性食道炎が認められるには、以下の2つの要件を満たさなければなりません。
①本人に、胸やけ、胸痛、嚥下困難などの術後逆流性食道炎に起因する自覚症状があること、
②内視鏡検査で、食道にただれ、びらん、潰瘍など逆流性食道炎に起因する所見が認められること、

33　管腔臓器・小腸

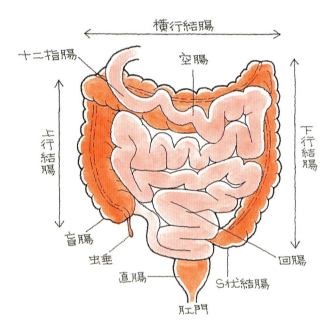

小腸は、長さ6メートルをこえる筋肉のパイプで、消化管の約80％を占めています。
上から十二指腸、空腸、回腸の3つに区分されていますが、これを覚える必要はありません。

小腸の働きは栄養分の吸収と運搬、粘膜免疫システムによる殺菌作用です。
胃で破砕・消化され粥状になった食物は、少しずつ、1～3時間をかけて十二指腸に送り込まれます。
太さ5cm、指を横に12本並べた30cmの長さの十二指腸からは、消化液や消化酵素が分泌され、食べ物は吸収されやすい分子まで分解、消化され、ほとんどが体内に吸収されています。

食べ物と一緒に、コソコソ隠れた状態で、細菌や病原性微生物が入り込んでくるのですが、胆汁が濃い小腸上部では、増殖が困難で、病原性を発揮することができません。
胆汁の再吸収が行われる小腸上部を過ぎた頃、細菌の増殖が高まり、一部は体内侵入を試みるのですが、小腸下部には粘膜免疫が発達し細菌等の体内侵入＝感染を防いでいるのです。

食後の血糖値を調節するホルモン、膵臓から分泌されるインスリンなのですが、実はこのインスリンの分泌をコントロールするホルモンが小腸から分泌されることが分かっており、この機能を利用した新しい糖尿病薬も発売されています。

34 管腔臓器・小腸穿孔（しょうちょうせんこう）

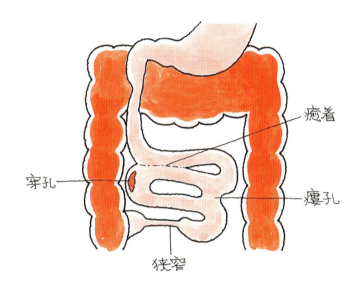

昔は、自動車でもハンドル外傷が大多数でしたが、シートベルト装着が義務化され、激減しています。今、ハンドル外傷は、自転車、バイクで見られ、転倒したときに腹部に加わる衝撃でも発症しています。私は、軽四輪車に4トントラックが追突した衝撃で、小腸穿孔を経験しています。
これは、衝撃によって内腔の圧力が急上昇し、管腔臓器が破裂したものと診断されました。
最近では、正面衝突、シートベルトの圧迫により小腸穿孔となった相談を受けています。

小腸や大腸などの管腔臓器が損傷され、腸管の壁に穴が開いたときは、腸の内容がお腹の中に漏れ出すことにより、腹膜炎を発症します。
腹部全体は、板のように硬化し、体位の変換では、腹部痛が増強します。
お腹を押し、指を離したときに強い痛みを感じるブルンベルグ徴候も認められています。

管腔臓器の穿孔では、血液検査で白血球が増加しており、立位の腹部XPで、横隔膜下に遊離ガス像、Free Airが見られることがあります。
小腸などの管腔臓器の穿孔では、開腹手術が選択され、穿孔部の縫合や、腸切除による吻合術が行われています。

小腸穿孔による後遺障害の対象は、以下の4つです。
1）消化吸収機能の障害を残すもの、
2）小腸皮膚瘻が認められるもの、
3）人工肛門が造設されたもの、
4）腸管癒着を残すもの、

小腸穿孔における後遺障害のキモ？

1）消化吸収機能の障害を残すもの、
外傷による消化吸収機能の障害は、小腸の大量切除で栄養を吸収する面積が著しく減少することで、発症するもので、小腸の大部分は空腸、および回腸で占められており、残存している空腸や回腸の長さを

基本として、後遺障害等級が定められています。

①外傷により小腸が切除され、残存空・回腸の長さが75cm以下となったものの、経口的な栄養管理が可能なものは、9級11号が認定されています。
短腸症候群であり、消化吸収機能が低下していることは明らかですから、消化吸収障害の有無を立証する必要はありません。

※短腸症候群
短腸症候群、SBSは、小腸大量切除により、吸収面積が減少し、水分、電解質、主要栄養素、微量元素、およびビタミンなどの吸収が障害されることで生じた吸収不良症候群のことです。
短腸症候群の吸収不良は、一次的には小腸表面積減少の結果ですが、腸通過時間の短縮も影響しており、栄養素や水分の吸収がともに障害されています。

②外傷により小腸が切除され、残存空・回腸の長さが、75cm以上、100cm以下で、経口的な栄養管理は可能であるが、消化吸収障害が認められるものは9級11号が認定されています。

残存空・回腸の長さが75cm以上のときは、消化吸収機能には、個人差が認められており、残存した部位の長さだけに着目するのではなく、消化吸収障害を検査で立証しなければなりません。
72時間蓄便中脂肪量の直接測定法とd-キシロース吸収試験の2つで立証すれば、完璧です。

※72時間蓄便中脂肪量の直接測定法
1日に100g以上の脂肪を摂取した上で、便を3日間採取して、便中総脂肪量を測定します。
便中脂肪量が1日当たり6g以上は異常、消化吸収の機能が低下していると評価されます。

※d-キシロース吸収試験
絶食後、25gのd-キシロースを200～300mlの水に溶かして経口投与させ、尿を5時間にわたり採取し、静脈血を1時間後に採取する。
血清d-キシロース20mg/dl未満、または尿サンプル中d-キシロース4g未満は、消化吸収の機能が低下していると評価されます。

追加的な立証としては、低体重の要件を満たさなければなりません。
低体重等については、BMIが20以下のものを言い、術前と比較して10%以上減少したものも含まれています。

※BMI
体重と身長から、人の肥満度を示す体格指数で、体重÷（身長）^{2}で求めます。
BMI指数は、22が標準値であり、最も病気になりにくい状態と言われています。
BMIが25以上では、肥満と判定され、生活習慣病を引き起こす可能性が懸念されます。

なお、残存空・回腸の長さが300cmを超えていれば、通常、消化吸収障害は認められません。

③小腸には予備能があり、相当程度の切除を行っても、消化吸収障害をきたすことはありませんが、残存小腸が75cm未満では、相当程度の消化吸収障害をきたし、中心静脈栄養法や経腸栄養法が、常時、必要となることが予想されます。
労災保険では、治療が不可欠であるとして、治癒とは認めていません。
では、自動車保険では、どうでしょうか？
症状固定を先送りにすれば、本件交通事故の解決も、自動的に先送りとなります。
これを保険屋さんが認めるとも思いませんが、被害者としても、宙ぶらりんでは、困ります。
やはり、示談書に付帯条項を盛り込み、いずれかの時点で、症状固定を決断することになります。

後遺障害等級は、残存した後遺障害の労働能力におよぼす支障の程度を総合的に判定することとされており、具体的な認定基準は、定められていません。
無条件で別表Ⅰの1級2号ではなく、個別に、支障を立証していくことになります。

※中心静脈栄養法
鎖骨下静脈などから、心臓に最も近い大静脈までカテーテルを入れて輸液ラインを確保し、このラインを通して栄養補給する方法で、輸液ラインを常に留置しておくことで、点滴のたびに静脈に針を刺さなくて済みます。

※経腸栄養法
鼻腔から、胃や十二指腸までチューブを通し、その管を使用して栄養補給する方法ですが、腹壁から胃へのルート、胃瘻を造設することもあります。
経口摂取はできないが、消化管の機能は保たれている患者に対して施行されています。

2）小腸皮膚瘻が認められるもの、
瘻孔、ろうこうとは、皮膚・粘膜や臓器の組織に、炎症などによって生じた管状の穴のことで、体内で連絡するもの、体表に開口するもの、2種類があります。
胃瘻・腸瘻・痔瘻などがあり、胃、腸、膀胱では、栄養補給や排出の必要から、人工的に造設することもあり、これは、瘻管と呼ばれています。

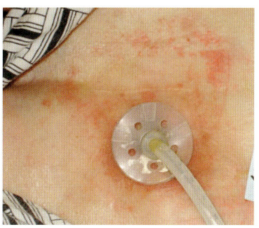

これは、胃に造設された胃瘻の写真です。

皮膚瘻は、主に腸管からお腹、特に、おへそ付近に貫通するのですが、突然、ぷっくりと赤く腫れてきて膿のようなものがたまり、腫物が破れ、膿のようなものが出てきます。

根本的な炎症を解決しなければならず、放置しておいて治癒することはありません。
小腸の内容物が飛び出てくる皮膚に開いた穴を、小腸皮膚瘻と呼んでおり、極めて厄介なものです。

小腸皮膚瘻は、小腸内容が皮膚に開口した瘻孔から漏れ出る病態で、大量に漏れ出るときは、小腸の消化吸収機能や運搬機能、さらには肛門の排泄という機能が損なわれることになります。
永続的にこのような状態が持続するときは、後遺障害として評価されています。

後遺障害の程度は、瘻孔から漏れ出る量によって異なります。
小腸内容からの栄養の吸収が障害されたときには、栄養障害も生じることになるが、本件では、小腸皮膚瘻が生じ、小腸内容が大量に出ることによる障害であることから、小腸皮膚瘻の障害等級と小腸皮膚瘻が生じた部位以下を切除したとみなした障害等級のうち、いずれか上位の等級により認定されています。

①パウチの装具による維持管理が困難な小腸皮膚瘻で、小腸内容の全部、あるいは大部分が漏出して汚染されており、瘻孔部の処理を頻回に行わなければならないものは5級3号が認定されます。
パウチの装具による維持管理が困難とは、小腸内容が漏出することにより、小腸皮膚瘻周辺に著しい皮膚のただれ、びらんを生じ、パウチなどの装着ができないものを言います。

②常時、パウチの装着を要するもので、小腸内容の全部あるいは大部分が漏出するもの、または、漏出する小腸内容がおおむね、1日に100mℓ以上であって、パウチなどによる維持管理が困難であるものは7級5号が認定されます。
常時パウチの装着を要するとは、漏出する小腸内容がおおむね、1日に100mℓ以上である状態です。

③常時、パウチの装着を要するもので、漏出する小腸内容がおおむね、1日に100mℓ以上のもので、7級5号から除かれたものは9級11号が認定されています。

④常時、パウチの装着は要しないが、明らかに小腸内容が漏れるものは11級10号が認定されます。

⑤いわゆる粘液瘻については、小腸皮膚瘻ではあるが、明らかに小腸内容が漏れ出ているとは言えないところから、後遺障害には該当しません。

3）人工肛門が造設されたもの、
小腸の傷病により人工肛門を造設したときは、大腸の傷病により人工肛門を造設したときと同様の基準を適用して、等級が認定されています。
①人工肛門を造設したもので、パウチによる維持管理が困難なものは5級3号が認定されます。
パウチによる維持管理が困難とは、大腸の内容が漏出することで、大腸皮膚瘻周辺に著しい皮膚のただれ、びらんを発症し、パウチの装着ができないものを言います。

②人工肛門を造設したものは、7級5号が認定されます。
人工肛門は、大腸と、小腸の傷病により造設されるものがあるが、いずれも排便の機能を喪失したものであり、同様の基準で認定されています。

●腹部の障害

人工肛門を造設した際の人工排泄口をストーマ、便を収容する袋をパウチと呼んでいます。

4）小腸に、腸管癒着を残すもの

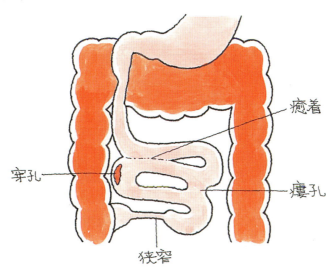

狭窄とは、閉塞にまでは至らない腸管の通過障害のことですが、小腸に狭窄が認められるときは、腹痛、腹部膨満感、嘔気、嘔吐などの症状が出現します。
小腸に狭窄があることは、上記の症状が、医師により認められること、単純XPで小腸ケルクリング襞像が認められることで認定されています。

1カ月に1回程度、腸管の癒着に起因する腸管狭窄の症状が認められるものは、腸管狭窄を残すものとして11級10号が認定されています。

上記の考え方は、小腸のみならず大腸に通過障害が生じた場合にも適用されています。
参考までに、大腸に狭窄が認められるときは、腹痛や腹部膨満感の症状が出現します。
大腸に狭窄があることは、単純XPで貯留した大量のガスにより結腸膨起像が相当区間で認められることで認定されています。

※ケルクリングひだ

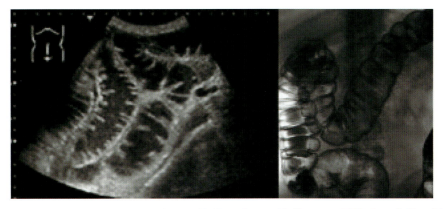

小腸の壁は粘膜、粘膜筋板、粘膜下層、筋層、漿膜と続き、粘膜面には横走する多数の皺襞、しゅうへき＝ケルクリングひだ、輪状ひだが存在しています。

121

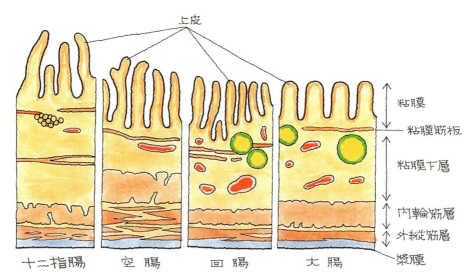

ケルクリングひだは、空腸では丈高く密に並んでいますが、回腸では丈も低く、配列もかなり粗となっています。

35　管腔臓器・大腸

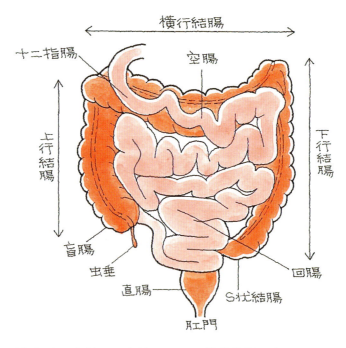

上のイラストのオレンジ色部分が大腸で、全長190cmの管腔臓器です。
盲腸からスタートし、上行結腸、横行結腸、下行結腸、Ｓ状結腸、最後に直腸で構成されています。

大腸は、糞便を固くするために、腸管の壁にある血管に、水分と塩類を吸収させる働きがあります。
また、糞便を滑らかにする粘液も分泌しています。
腸内の細菌を排泄し、細菌に対する防御も機構しています。
そして大腸筋肉の蠕動運動で、内容物を直腸に向かって移動させます。

大腸の運動は自律神経によって調節されていて、糞便は２種類の運動をしています。

●腹部の障害

緊張波　　　　　集団蠕動運動

横行結腸部では、前に進む、元に戻る、シャトル運動を繰り返し、大腸粘膜と内容物が長時間接触するようにしており、その運動で、水分と塩類の吸収を促進させます。
これを緊張波と呼んでいます。
もう1つは、横行結腸を空にするように、ゆっくりとした強い波が、上行結腸の上端で始まり、糞便をS状結腸に進めて行きます。これを集団蠕動運動と呼んでいますが、S状結腸は、排便まで糞便を貯留しています。つまり、ヒトの大腸は、消化器官というよりも水分を回収する機能が高く、栄養吸収を完了した消化物を、便として整え、排出させる役目を担っています。

※排便のメカニズム
一定量のuncoが直腸に届くと、直腸粘膜の神経が感知し、大腸各部に信号を送り、排便体制を整えるのですが、同時に、大脳にも情報伝達を行い、便意を生じさせるのです。
排便命令が脳から伝達されると、以下の大結腸運動が起こります。
大腸の横行結腸の開始部分から大きな収縮が起こり、中にたまっているuncoを一気に、下行結腸からS字結腸と直腸まで押し出すのです。
肛門を閉じている内・外括約筋は、uncoが漏れ出ないようにきっちり肛門を締めているのですが、トイレに入り、排便姿勢をとると肛門が緩み、開くのです。
内括約筋が、先に反射的に緩み、外括約筋が意思にしたがって緩み、排便が行われているのです。

36　大腸穿孔・破裂

交通事故では、正面衝突での腹部の強打、バイクや自転車VS自動車の衝突で発症しています。
注目すべきは、交通事故によるシートベルト外傷が多発していることです。
大部分は、腸管破裂、穿孔、腸間膜断裂、血気胸などの救急処置を必要とするものですが、中には、受傷後、比較的長時間経過して腹部症状が出現、手術に至る症例も報告されています。

ネットに掲載されている2例を紹介しておきます。

①61歳、男性、自家用車の後部座席に同乗中、衝突事故に遭遇し、シートベルトにて下腹部を強く圧迫され、その後、下腹部痛が増強したため近医に入院。保存的治療にて退院となった。
退院約2週間後より便秘、腹部膨満感が出現し、様子見をするも、便秘、便柱が細くなり、さらに、排尿時痛も出現したため、注腸検査を施行、S状結腸に狭窄が認められ当院に紹介となる。
当院で撮影した注腸写真では、狭窄は増強し、造影剤の口側への通過は、わずかで瘻孔と思われる所見も認められた。内視鏡検査では、肛門から40cmのS状結腸に全周性の狭窄が認められ、生検検査の結果では、悪性細胞は認められなかった。
開腹術では、回腸とS状結腸、膀胱が強く癒着し腫瘤状となっていた。

S状結腸と回腸の部分切除、それぞれの吻合再建術を行った。

②20歳、男性、自動車運転中に対向車と正面衝突し胸腹部を打撲、近医に入院するも、保存的治療で改善し退院となった。
しかし、受傷から12日目にイレウスを発症し当院に入院となった。
入院後イレウス管を挿入し治療を行うも改善せず、手術を行った。
空腸に輪状の瘢痕性狭窄を連続して3カ所認め、小腸間膜には多数の瘢痕と短縮を認めた。
さらにS状結腸にも1カ所の狭窄を認め、S状結腸間膜に瘢痕と短縮を認めた。
腹部外傷後の遅発性空腸、S状結腸狭窄と診断し、それぞれを切除し吻合した。

※イレウス＝腸閉塞
飲食物は、胃、小腸、大腸を通過して、消化・吸収され、便となって肛門から排泄されています。
また、唾液や胃液などの消化液は、1日数リットルも胃腸のなかに分泌されています。
これらも、小腸や大腸で吸収され、残りは便とともに排泄されているのですが、食物や消化液の流れが小腸や大腸で停滞した状態、内容物が腸に詰まった状態をイレウス＝腸閉塞と呼んでいます。
腸が拡張し、腹部が張って痛くなり、肛門の方向へ進めなくなった腸の内容物が逆流し、吐き気や嘔吐が見られます。腸閉塞は、吐き気・嘔吐を伴う腹痛が現れる最も代表的な疾患です。

大腸損傷では、損傷部の修復は縫合閉鎖もしくは切除・吻合が原則となっています。
単純な縫合閉鎖や切除・吻合だけでなく、損傷部の修復と汚染された腹腔の洗浄、もしくはドレナージ＝排液が同時に実施されています。

大腸内は糞便があり、胃や小腸に比較すると、損傷部が汚染されていることで、縫合や吻合をしないで人工肛門を造設する傾向があったのですが、腹腔内汚染が高度でない、受傷後早期に確実な手術が行われれば、人工肛門を造設しないで一度に損傷部を修復しても、縫合不全などの合併症の発生はほとんどありません。
したがって、最近では、大腸損傷は、多くの病院で一度に縫合・吻合がなされています。

しかし、状態が悪く、腹腔内が高度に汚染されているときは、現在でも人工肛門が造設されています。
また、直腸や肛門部の損傷も一度で損傷部を修復しますが、口側の大腸に人工肛門を造設することが多くなっています。

大腸穿孔、大腸破裂における後遺障害のキモ？

大腸損傷における後遺障害の対象は、以下の4つです。
1）人工肛門を造設したもの
2）大腸皮膚瘻を残すもの
3）大腸の大量切除を行ったもの
4）肛門からの排便機能障害を残すもの

1）人工肛門の造設について

人工肛門では、糞便を貯留する機能が喪失され、人工肛門以降の便からの栄養や水分の吸収が障害され、定期的な洗腸が必要となり、混雑した電車に乗れない、重いものを持てないなど、日常生活や社会生活上で、具体的な制約が生じることになります。

①人工肛門を造設したもので、パウチによる維持管理が困難なものは5級3号が認定されます。
パウチによる維持管理が困難とは、大腸の内容が漏出することで、大腸皮膚瘻周辺に著しい皮膚のただれ、びらんを発症し、パウチの装着ができないものを言います。

②人工肛門を造設したものは、7級5号が認定されます。
人工肛門は、大腸と、小腸の傷病により造設されるものがあるが、いずれも排便の機能を喪失したものであり、同様の基準で認定されています。

2）大腸皮膚瘻について
大腸皮膚瘻は、大腸内容が皮膚に開口した瘻孔から漏れ出る病態です。
肛門からの排便機能を喪失した状態であり、永続的にそうした状態が持続するのであれば、当然に、後遺障害として評価されることになります。

①パウチの装具による維持管理が困難な大腸皮膚瘻で、大腸内容の全部、あるいは大部分が漏出して汚染されるため、瘻孔部の処理を頻回に行わなければならないものは5級3号が認定されます。
パウチの装具による維持管理が困難であるとは、大腸内容が漏出することで、大腸皮膚瘻周辺に著しい皮膚のただれ、びらんを発症し、パウチの装着ができないものを言います。

②常時、パウチの装着を必要とするもので、大腸内容の全部、あるいは大部分が漏出するもの、または、漏出する大腸内容がおおむね1日に100mℓ以上であって、パウチによる維持管理が困難であるものは7級5号が認定されます。

③常時、パウチの装着を要するもので、漏出する大腸内容がおおむね1日に100mℓ以上のものは9級11号が認定されます。
（②の7級5号に該当するものは除かれています。）

④常時、パウチの装着は要しないが、明白に大腸内容が漏れるものは11級10号が認定されます。

3）大腸の大量切除について
大腸を全摘したものは、人工肛門の造設となり、1）の基準で、等級が認定されています。

大腸の全摘ではなく、大腸のほとんど、結腸のすべてを摘出したときには、下痢が予想されるのですが、腸管に流入する水分の大部分は小腸で吸収され、大腸で吸収される水分は少ないのです。
大腸の大量切除を原因とした下痢の程度は、比較的、軽く、日常、仕事上の支障も軽度であると考えられています。
大腸のほとんどを切除したとき、または結腸のすべてを切除したときは11級10号が認定されます。

4）肛門からの排便機能の障害について
排便の機能障害には、便秘、便失禁、下痢があります。
便秘とは、便が大腸内に長時間滞留し、排便が順調に行われていない状態であり、単に回数が少ないだけのものは医学的な便秘ではなく、排便に支障があることが要件とされています。

高度の便秘を残すもの
便秘を残すもので、以下、2つの要件の両方を満たしているものは9級11号が認定されます。
①排便反射を支配する神経の損傷がMRI、CTなどにより確認されること
②排便回数が週2回以下の頻度で、かつ、用手摘便を要すると医師により認められるもの、

なお、頭痛、悪心、嘔吐、腹痛等の症状が生じることがあるが、いずれも便秘によるものであり、それらの症状を含めたとしても9級11号を超えるものではないとされています。

軽度の便秘を残すもの
便秘を残すもので、以下、2つの要件の両方を満たしているものは11級10号が認定されます。
①排便反射を支配する神経の損傷がMRI、CTなどにより確認されること、
②排便回数が週2回以下の頻度で、恒常的に硬便であると医師により認められるもの、
（用手摘便を要するものは、除かれています。）

なお、頭痛、悪心、嘔吐、腹痛等の症状が生じることがありますが、いずれも便秘によるものであり、それらの症状を含めたとしても、11級10号を超えるものではないとされています。

便失禁を残すもの
完全便失禁と医師が診断し、2つの要件の両方を満たしているものは7級5号が認定されます。
①肛門括約筋、または当該筋の支配神経の損傷を医師が診断しているもの、
②肛門括約筋の筋緊張、肛門反射、内肛門括約筋反射、直腸反射などから、肛門括約筋機能の全部が失われていると、検査結果により医師が診断していること、

完全便失禁には至らないが、漏便により常時、紙おむつの装着が必要と医師が診断し、2つの要件の両方を満たしているものは、9級11号が認定されます。

①肛門括約筋、または当該筋の支配神経の損傷を検査結果から医師が診断していること、
②肛門括約筋の筋緊張、肛門反射、内肛門括約筋反射、直腸反射などから、明らかに肛門括約筋機能の一部が失われていると、検査結果から医師が診断していること、

常時紙おむつの装着は必要ないが、便失禁が認められると医師が診断し、2つの要件の両方を満たしているものは、11級10号が認定されます。

①肛門括約筋、または当該筋の支配神経の損傷が、検査結果により医師が診断していること、
②肛門括約筋の筋緊張、肛門反射、内肛門括約筋反射、直腸反射などから、肛門括約筋の機能が一部が失われていると検査結果により、医師が診断していること、

※肛門の仕組み

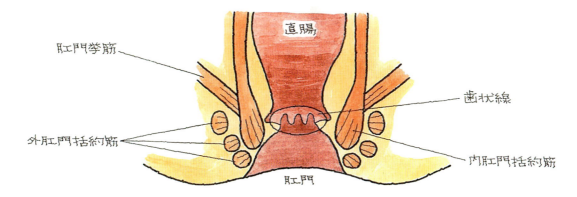

外肛門括約筋　外肛門括約筋の働きにより、随意に、意識的に締めることができます。

内肛門括約筋　無意識のうちに肛門を締めている筋肉であり、この筋力が低下すると下着が汚れることがあります。内肛門括約筋は、平滑筋＝意識的に動かせない筋肉であり、睡眠中で、外括約筋が弛緩していても、持続的に収縮して、一定の圧を保持しています。
最大静止圧の 80％は肛門内括約筋の働きによるものです。

歯状線　直腸と皮膚の境界で、歯状線より上は痛覚がなく、下は、痛覚があります。

肛門挙筋　骨盤の中味を支えています。

※どういうこと？
排便反射を支配する神経の損傷が MRI、CT などにより確認されること？

これは、脊髄損傷のことを意味しています。
L1 より上位の横断型脊髄損傷では、排便をコントロールする脊髄神経が切断されることがあります。
そして、このことは MRI や造影 CT で立証することができるのです。

消化管は口から肛門まで一本の管のようにつながっているのですが、筋肉の構造や消化液の分泌以外で、直腸肛門部が、他の腸管と異なる点は、神経の分布です。
小腸や大腸は自律神経＝内臓神経によって調節されていますが、直腸、肛門と膀胱は、脊髄神経による支配を受けているのです。
したがって、脊髄神経が切断されると、膀胱や直腸に、貯留や排出の異変をきたすことになります。

貯留能障害とは、適切な量の便を直腸にためられない状態です。
直腸と肛門には、それぞれに、伸び縮みする能力があり、通常は、脊髄神経が働いて、直腸が膨らんで肛門が閉まる協調性を維持しています。
ところが脊髄損傷により、直腸が十分に膨らまず、必要な量の便がためられなくなることがあります。
また、内肛門括約筋の収縮力が低下したときも、便の貯留能が低下し、ジワジワ便が漏れ出す、絶えず肛門の周囲に便が付着する状態に陥ります。

脊髄損傷では、肛門の知覚も障害されます。
外肛門括約筋へは脊髄神経から枝分かれする陰部神経が走行しており、肛門の知覚や外肛門括約筋の収縮をコントロールしています。
陰部神経に影響をおよぼす脊髄損傷では、サンプリング能力の低下により、おならと誤って便を漏らしてしまったり、意識的な肛門の収縮ができず、トイレに間に合わなかったりするのです。

※サンプリング
ヒトは、便意だけでなく、肛門の近くに到来したものが固形便、下痢便、おなら？ これらを判別することができるのですが、これをサンプリングと呼んでいます。
サンプリングは、肛門へ分布する陰部神経が行っており、陰部神経も、直腸へ分布する骨盤神経と同様に脊髄神経の一部で、脊髄損傷によりサンプリング能力が低下することがあるのです。

排出能障害とは、直腸に便がたまりすぎてしまう状態です。
脊髄損傷では、直腸に便がたまりすぎて排便困難に陥ることがあります。
この原因は、直腸感覚の異状であり、単に便意が分からないだけでなく、アコモデーションの異状も含まれています。つまり、便意を感じるものの、その便意に持続力がなく、トイレに駆け込んだが、すでに便意が消失してしまったような状態も、直腸感覚の異状によって起こるのです。

脊髄損傷における排便障害は、便意より、排便困難をきたしていることがほとんどです。
稀には、いきもうとすると外肛門括約筋が締まって排便を拒む現象が見られます。
奇異性収縮と呼ばれ、感覚異常が原因で、いきむ、肛門を締める、これらの協調運動が崩壊していることによるものと考えられています。

※アコモデーション
日常生活では、わずかな便意が生じても、しばらくするとそれがなくなってしまう現象がみられます。
これをアコモデーション＝調節と呼ばれています。
直腸の伸展刺激は便意に発展するのですが、アコモデーションによって便意を抑えているのです。
サンプリングによりトイレまで急ぐべきかどうかを判断し、アコモデーションによって、トイレまで我慢することができるのです。

では、その他の立証のための検査とは、直腸肛門生理機能検査です。

①直腸肛門内圧検査

肛門内圧機能検査測定装置

肛門の生理機能検査の1つで、無意識に肛門を締めている内括約筋と意識的に肛門を締める外括約筋の筋力を測定する検査です。
肛門の締まっている部分、肛門管の長さは、解剖学的に3cmです。
肛門管には、肛門括約筋があり、日本人の正常値は、60～80mmHg、肛門管最大随意収縮率130～200mmHgの強さで締まっていますが、高齢者などでは、10～20cmH$_2$Oまで低下することがあります。
圧力を測るセンサーのついた直径5mmの細い管を、肛門内に挿入し、肛門に力を入れないとき＝最大静止圧や力一杯締めたとき＝最大随意圧の肛門の締まる強さ＝圧力を測定します。
検査は、痛みを感じることはなく、およそ10分で完了します。

マイクロチップトランスジューサーが付いたカテーテルを肛門に挿入し、肛門をぎゅっと締めたときの強さ＝最大随意収縮圧を測定します。
安静にしている時の2～3倍の締まりとなり、女性は男性より低い値となります。

マイクロチップトランスジューサー

②直腸感覚検査
直腸内にバルーンを入れて、少しずつ膨らませながら、最初に便意を感じたとき＝最小感覚閾値と、便意を我慢できなくなったときのバルーンの大きさ＝最大耐容量を測定します。
正常値　最小感覚閾値　30～60mℓ　最大耐容量　140～210mℓ

③直腸肛門反射検査
直腸内にバルーンを入れて、膨らませたときの肛門の反応を調べます。
機能が正常なときは、腸内でバルーンが膨らんだときに、肛門は反射的に弛緩します。

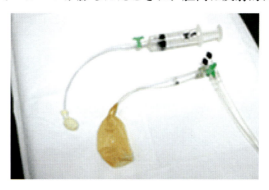

バルーンを直腸内に挿入後、肛門管の位置にマイクロチップトランスジューサーを固定し空気を注入し反射の様子を測定します。
通常は直腸に便がたまったとき、肛門の筋肉は一時的に圧力を弱める反射がみられます。

④排便造影検査、ディフエコグラフィー

排便時の直腸肛門の動きを観察し、排便障害の原因を調べる検査です。

検査前に浣腸を行い、直腸内をきれいにします。

肛門からバリウムで作った人工の便（偽便）を直腸内に注入し、X線装置に設置したポータブルトイレにて、安静時、肛門引き締め時、排便時の撮影を行います。

検査時間は5分程度と短く、痛みも無いため非常に有効な検査です。

37　腹壁瘢痕ヘルニア

ヘルニアとは、脱出していることを意味します。

私が小学生の頃は、子どもの脱腸やでべそは、よく目にする日常的なものでした。

脱腸では、狸のキンタマと大はしゃぎして、からかったものです。

わけは知りませんが、クラスでも、脱腸バンドをした男子が確実にいたのです。

正しくは、脱腸＝鼠径ヘルニア、でべそ＝臍ヘルニアと呼びます。

今の仕事を始めてからは、なんと言っても、頚腰部の椎間板ヘルニアで、多くは、年齢変性で深刻なものではありませんが、この傷病名を聞かない日はありません。

頭部外傷の死亡例は、ほとんどが脳ヘルニアで、外傷で出血、腫脹した脳が、逃げ場を失って、延髄部に飛び出すことで死に至るのです。

さて、ここでは、手術の跡からの盛り上がり、腹壁瘢痕ヘルニアを学習します。

腹壁瘢痕ヘルニアとは、手術によって腹壁を支える筋膜に欠損部ができ、ここから腹膜に包まれた内臓が突出するものです。

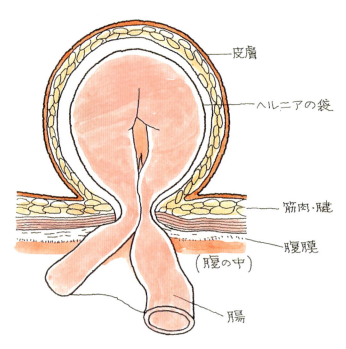

腹壁を雨戸、筋肉をサッシの窓、腹膜をカーテンにたとえると、腸管が、緩んでいたサッシの窓と雨戸を突き破って、カーテンごと、外に飛び出した状態のことを腹壁ヘルニアと言うのです。

●腹部の障害

嵌頓（かんとん）ヘルニアは、脱出した臓器が、脱出口で締め付けられた状態のことです。
締め付けられた状態が続くと、血液の流れが妨げられ、脱出した部分が壊死や壊疽に至ることがあり、放置すると、絞扼性腸閉塞＝イレウスで死に至ります。

他の腹壁ヘルニアでは、外傷などによる腹壁の凹みに、内臓、主として、腸が入り込む、滑り込む形で突出するもので、強い腹圧がかかると簡単に突出します。

嵌頓ヘルニアでは、緊急手術で嵌頓を解除します。
多くは、オペで改善が得られています。

腹壁瘢痕ヘルニア、腹壁ヘルニアにおける後遺障害のキモ？

1）ヘルニアでは、オペで修復することが常識です。
ほとんどは、オペにより完治しており、後遺障害を残すことはありません。
しかし、腹壁の欠損が広範囲で大きく、直接的な縫合が困難であって、オペ後も、腹帯の着用が必要となったものや、到底、修復が不可能で、オペの適応にならないものが、後遺障害の対象となります。

2）腹壁瘢痕ヘルニアでは、腹部不快感、腹痛、腹部膨満感、亜イレウス症状などがあります。

①軽度の腹壁瘢痕ヘルニアを残すものは11級10号が認められています。
軽度のヘルニアとは、重激な仕事で、腹圧が強くかかるときにヘルニア内容の脱出・膨隆が認められるものを言います。

②中等度の腹壁瘢痕ヘルニアを残すものは9級11号が認定されています。
中等度のヘルニアとは、常時、ヘルニアの脱出・膨隆が認められるもの、または立位をしたときヘルニア内容の脱出・膨隆が認められるものを言います。

3）その他のヘルニア
腹壁ヘルニア、鼠径ヘルニア、および小腸の外傷により生じたすきまに嵌入する内ヘルニアについては、ヘルニアが脱出する部位や原因は腹壁瘢痕ヘルニアと異なりますが、腹部臓器の脱出という点で共通しており、①②に準じて、等級が認定されています。

最後に、横隔膜ヘルニアについてです。
外傷によって横隔膜にすきまが生じたときは、胸腔が陰圧となっており、胃、腸などの腹腔内臓器が胸腔内に脱出し、横隔膜ヘルニアを発症します。
脱出した消化管の通過障害や脱出した腹部臓器により胸部臓器が圧迫を受けることで、悪心、嘔吐、呼吸困難、心窩部痛、腹痛などの症状が出現し、オペが不可欠となります。
大多数は、オペで改善が得られており、後遺障害を残すことは考えられません。

なお、横隔膜ヘルニアによる呼吸機能の低下は、「10　外傷性横隔膜破裂」で説明しています。

38　腹膜・腸間膜の外傷

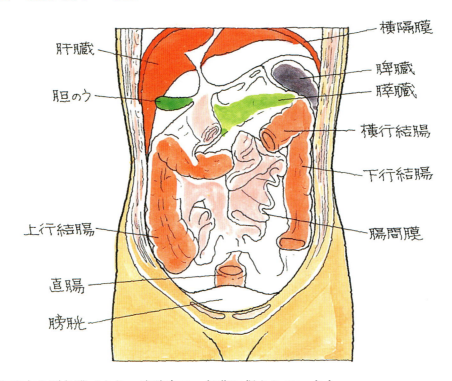

腹膜とは、腹腔内を覆う膜であり、腹腔内は、無菌に保たれています。
この腹膜に、細菌感染や物理的刺激によって炎症が起こるものを腹膜炎と言います。

腹膜は、表面を覆うだけのもの、全体を包み込むものに分かれ、この中で腹膜が表面を覆いながら反転して二重膜となるものがあり、これを間膜と呼んでいます。
腸間膜は、小腸と大腸に付着しており、腸間膜動脈を通じて栄養を受けています。

交通事故外傷では、外傷性穿孔、消化管穿孔による胃液、胆汁などの腹膜への漏出などの合併症として、急性腹膜炎を発症しています。
医原性のものでは、オペ中の穿孔、縫合不全、手術後腹膜炎などでも、発症しています。

急性腹膜炎では、通常は急激な腹痛が突発的に起こります。
痛みは持続し、初めは限られた部位だけですが、次第に腹部全体に拡大します。
そのほかの症状として、吐き気・嘔吐、発熱、頻脈を伴うことがあります。
腹膜炎が進行すると、脱水・ショック状態に陥ることもあります。

医師の診察により、圧痛、筋性防御、ブルンベルグ徴候、腸雑音の有無を調べます。
筋性防御は壁側腹膜の炎症を示唆する所見であり、急性腹膜炎の診断に有用です。
初期では軽い触診で腹壁の筋肉の緊張として触知されますが、病状が進行すると腹筋は硬く緊張し、腹壁反射は消えて板状硬と呼ばれる状態になります。
ブルンベルグ徴候は、腹部を圧迫した手を急に離すことで周囲に痛みが響く所見のことを言い、腹膜炎にみられる所見で、腸雑音は腸管の麻痺のために低下します。

●腹部の障害

血液検査では、白血球が増加し、炎症反応を示すCRPが陽性になります。
画像検査では、腹部単純XP、腹部超音波、腹部CTが有効です。
特に、消化管穿孔では、腹部単純XPで横隔膜下の空気遊離像＝Free Airが診断の決め手になり、また、急性胆嚢や膵臓など、実質臓器の外傷では、腹部超音波、腹部CTが有用です。

消化管の穿孔がない、限局性腹膜炎では、補液、抗生剤の投与により保存的な治療で改善が得られることもありますが、大多数は、早期の緊急手術が必要となります。

腹膜・腸間膜の外傷における後遺障害のキモ？

1）交通事故外傷により、腹膜炎を合併しても、治療を完了すれば、腹膜や腸間膜に後遺障害が生じることはありません。

2）しかし、腹膜、腸間膜が損傷された結果、腹部臓器の機能に影響が生じることがあります。
腸間膜動脈の損傷により、腸管が壊死したときは、腸管切除術が選択されています。

①外傷により小腸が切除され、残存空・回腸の長さが75cm以下となったものの、経口的な栄養管理が可能なものは、9級11号が認定されています。

②外傷により小腸が切除され、残存空・回腸の長さが、75cm以上、100cm以下で、経口的な栄養管理は可能であるが、消化吸収障害が認められるものは9級11号が認定されています。

残存空・回腸の長さが75cm以上のときは、消化吸収機能には、個人差が認められており、残存した部位の長さだけに着目するのではなく、消化吸収障害を検査で立証しなければなりません。
72時間蓄便中脂肪量の直接測定法とd-キシロース吸収試験の2つで立証すれば、完璧です。

③小腸には予備能があり、相当程度の切除を行っても、消化吸収障害をきたすことはありませんが、残存小腸が75cm未満では、相当程度の消化吸収障害をきたし、中心静脈栄養法や経腸栄養法が、常時、必要となることが予想されます。
労災保険では、治療が不可欠であるとして、治癒とは認めていません。
では、自動車保険では、どうでしょうか？
症状固定を先送りにすれば、本件交通事故の解決も、自動的に先送りとなります。
これを保険屋さんが認めるとも思いませんが、被害者としても、宙ぶらりんでは、困ります。
やはり、示談書に付帯条項を盛り込み、いずれかの時点で、症状固定を決断することになります。

後遺障害等級は、残存した後遺障害の労働能力におよぼす支障の程度を総合的に判定することとされており、具体的な認定基準は、定められていません。
無条件で別表Ⅰの1級2号ではなく、個別に、支障を立証していくことになります。

④大腸の大量切除について
大腸を全摘したものは、人工肛門の造設となり、2）①②の基準で、等級が認定されています。

大腸の全摘ではなく、大腸のほとんど、結腸のすべてを摘出したときには、下痢が予想されるのですが、腸管に流入する水分の大部分は小腸で吸収され、大腸で吸収される水分は少ないのです。

大腸の大量切除を原因とした下痢の程度は、比較的、軽く、日常、仕事上の支障も軽度であると考えられています。

大腸のほとんどを切除したとき、または結腸のすべてを切除したときは11級10号が認定されます。

3）腸管癒着を残すもの
腸管癒着では、腸管の狭窄、閉塞、絞扼の3つに大別されています。
このうち、閉塞、絞扼は、治療が必要であり、症状固定にはなりません。

狭窄とは、閉塞にまでは至らない腸管の通過障害のことですが、小腸に狭窄が認められるときは、腹痛、腹部膨満感、嘔気、嘔吐などの症状が出現します。
小腸に狭窄があることは、上記の症状が、医師により認められること、単純ＸＰで小腸ケルクリング襞像が認められることで認定されています。

1カ月に1回程度腸管の癒着に起因する腸管狭窄の症状が認められるものは、腸管狭窄を残すものとして11級10号が認定されています。

上記の考え方は、小腸だけでなく大腸に通過障害が生じたときにも適用されています。
参考までに、大腸に狭窄が認められるときは、腹痛や腹部膨満感の症状が出現します。
大腸に狭窄があることは、単純XPで貯留した大量のガスにより結腸膨起像が相当区間で認められることで認定されています。

39　実質臓器・腎臓

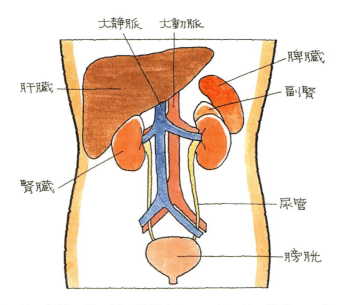

腎臓は、腰のやや上部、胃や肝臓の後ろ側に位置する2つが一対の臓器で、主に、血液中の老廃物をろ過し、尿を作る身体の排水処理工場の役目を担っています。

●腹部の障害

拳よりもやや大きめで、130gの重さがあり、脾臓と同じくソラマメの形をしています。

腎臓には、心臓から血液が1分間に200mℓ程度送り込まれます。
腎臓に送られた血液は、腎臓の糸球体でろ過され、原尿＝尿のもとが作られています。
腎臓でろ過される原尿は、1日あたりドラム缶1杯、150ℓですが、糸球体でろ過された原尿は膀胱へ尿としてためられるまでに、尿細管、集合管で必要な電解質やたんぱくなどが再吸収され、水分量の調整も行われています。

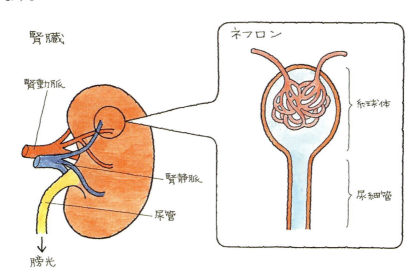

原尿の99％は体内に再吸収され、最終的には約1.5リットルが尿として体外に排泄されています。
尿を生成する腎臓の部位は、糸球体と尿細管をあわせてネフロンと呼ばれます。
1つの腎臓には約100万個のネフロンがあります。

尿細管は、ナトリウム、カリウム、カルシウム、リン、重炭酸イオンなどのうち、身体に必要なものを取り込み、また、不要なものを尿中へ分泌して排泄しています。
これにより、体内のイオンバランスを一定に保ち、血液を弱アルカリ性に保っています。

腎臓のろ過機能が円滑に働くには、血液の流れが一定に保たれている必要があるのですが、腎臓では血流の流れが悪くなるとそれを感知し、レニンという酵素が分泌されます。
レニンが血液中のたんぱく質と反応して血管を収縮させて血圧を上昇させます。
腎臓は、レニンの分泌量を増減させて血圧の調整もしているのです。

腎臓は、エリスロポエチンというホルモンを分泌し、赤血球の数を調整しています。
ビタミンDは肝臓で蓄積され、腎臓に移ると活性型に変化し、さまざまな働きをしています。
活性型ビタミンDは小腸からのカルシウムの吸収を促進し、利用を高める作用があります。

40　腎挫傷、腎裂傷、腎破裂、腎茎断裂

さて、交通事故における腎臓損傷は、それなりの件数が発生しています。
バイクの事故で、身体を壁、電柱、立ち木などに強く打ちつけることで、腎臓が破裂することもあります。

自動車VS自動車の事故では、シートベルトによる損傷も経験しています。

腎外傷では、あざができる軽度な挫傷から、尿や血液が周辺組織に漏出する裂傷や破裂、腎動脈が切断される腎茎損傷まで、大ざっぱには以下の4つがあります。

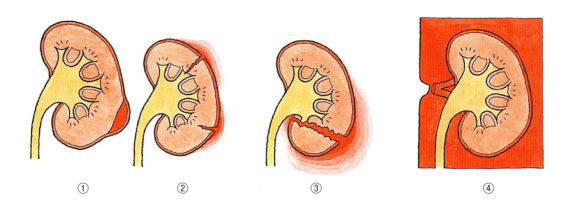

①挫傷、打撲、被膜下血腫　②裂傷、亀裂　③断裂傷、破裂　④腎茎損傷、

腎外傷では、上腹部、肋骨と股関節の間＝脇腹の痛み、脇腹のあざ、血尿、シートベルトによる腎臓付近のあざ、肋骨下部の骨折による痛みなどの症状を訴えます。
ほとんどの腎外傷で血尿がみられます。
重度の腎外傷で、大量出血があるときは、急激な低血圧によるショック状態に陥ります。
エコー検査、造影CT検査が確定診断に有効です。

腎挫傷、腎裂傷でも軽度なものは、エコー、CTで血腫の大きさを監視しつつ、増大傾向がなければ、安静下に、水分摂取量をコントロールし、止血薬と抗生物質の投与による保存療法が続けられます。

腎破裂や腎茎部損傷の重度な外傷では、開腹による腎縫合術、腎部分摘出術、腎摘出術が選択されています。

※腎外傷の分類
腎外傷は、DIP＝点滴静脈性腎盂造影の所見より、造影剤の排泄が良好で、腎杯、腎盂の全貌が描出されるものは、腎挫傷と診断されています。
造影剤の排泄が良好で、腎盂の全貌は描出されているが、腎杯の一部が欠損しているものは、軽度の腎破裂、造影剤の排泄が障害され、数個の腎杯欠損があり、しかも腎杯も十分に描出されていないものを中等度の腎破裂、造影剤の排泄がかなり障害され、わずかに数個の腎杯が描出されるのみで、腎盂の形態が不明なものは、高度の腎破裂、これらの3つを腎破裂と分類、造影剤の排泄がほとんど認められないものは、血管造影所見、および手術所見で、腎断裂、または腎茎部損傷に分類されています。覚えることではありません。

腎機能が低下すると、吐気、嘔吐、不眠、頭痛、浮腫、易疲労性などを生じます。
腎機能が低下するにつれ、その症状は増悪し、仕事に大きな支障をもたらすことになります。

腎機能のレベル	糸球体濾過値＝GFR
正常	91mℓ/分以上
軽度低下	71～90mℓ/分
中程度低下	51～70mℓ/分
高度低下	31～50mℓ/分
腎不全	11～30mℓ/分
尿毒症	10mℓ/分以下

※糸球体濾過値＝GFR（しきゅうたいろかち）
腎臓の能力、どれだけの老廃物をこしとって尿へ排泄することができるのか？
つまり、腎臓の能力は、GFR値で判断されています
この値が低いほど、腎臓の働きが悪いということになります。

http://www.kyowa-kirin.co.jp/ckd/check/check.html
eGFRは血清クレアチニン値と年齢と性別から、上記のHPで診断してくれます。

余談ですが、私、69歳、男性、クレアチニン0.68のeGFRは、87.8で、正常、または軽度低下のレベルですが、蛋白尿の所見はなく、これは、年齢、喫煙、高血圧の影響です。
年齢のわりには元気と理解しており、喫煙をやめるなんて、とんでもないこと、全く考えていません。

糸球体濾過値＝GFRが30mℓ/分以下では、透析の準備が必要な状態であり、腎機能の1つであるホルモンの産生機能の低下による種々の症状を発症するので治療の継続が不可欠となります。
なお、糸球体濾過値＝GFRが30mℓ/分を超えていても、ホルモンの産生機能の低下による高血圧が生じることがあります。

さらに、腎機能の著しい低下により、尿毒症を発症したときは、昏迷、昏睡などの無力症、精神障害、高度の循環障害等が生じ、仕事をすることが、全くできなくなります。

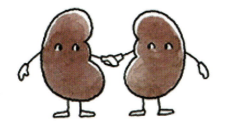

腎外傷における後遺障害のキモ？

1）1側の腎臓を失ったもの
① 1側の腎臓を失い、腎機能が高度低下していると認められるものは7級5号が認定されます。
腎機能が高度低下しているとは、糸球体濾過値（GFR）が31～50 mℓ/分であるものを言います。
高度低下は、腎機能の低下が明らかであって、濾過機能の低下により、易疲労性、ホルモンの産生機能の低下により貧血を起こし、動悸、息切れを生じるような状態です。

②**1側の腎臓を失い、腎機能が中等度低下していると認められるものは9級11号が認定されます。**
腎機能が中等度低下しているとは、糸球体濾過値（GFR）が51～70mℓ/分であるものを言います。
中等度は、高度に至らないまでも同様の症状が生じる状態です。

また、健常人と腎機能低下の者（血清クレアチニン1.5～2.4mg/dℓ）を比較すると、前者に比べ後者は運動耐容能が有意に低く、嫌気性代謝閾値が約4.3METsという報告がなされています。
この知見を踏まえると、おおむね高度低下では、やや早く歩くことは構わないが、早足散歩などは回避すべきと考えられています。

③**1側の腎臓を失い、腎機能が軽度低下していると認められるものは11級10号が認定されます。**
腎機能が軽度低下しているとは、糸球体濾過値（GFR）が71～90mℓ/分であるものを言います。
軽度低下は、腎機能の予備能力が低下している状態であり、基本的には無症状ですが、過激な運動は避けるべき状態です、

④**1側の腎臓を失ったものは13級11号が認定されます。**

GFRの値	31～50mℓ/分	51～70mℓ/分	71～90mℓ/分	91mℓ/分
腎臓を亡失	7級	9級	11級	13級
腎臓を失っていない	9級	11級	13級	―

腎臓の障害は、腎臓の亡失と腎臓を失っていないものに分類、糸球体濾過値で後遺障害等級を認定することになりました。以前は腎機能に問題があっても、亡失以外は門前払いの状況でした。
親切な改正と考えています。

GFRの値は、小数点以下を切り上げます。このことも、泌尿器科の主治医はご存じありません。
いつの場合でも、知っている被害者だけが、有利に事を進めることができるのです。

2）腎臓を失っていないもの
①**腎機能が高度低下していると認められるものは9級11号が認定されます。**
腎機能が高度低下しているとは、糸球体濾過値（GFR）が31～50mℓ/分であるものを言います。

②**腎機能が中等度低下していると認められるものは11級10号が認定されます。**
腎機能が中等度低下しているとは、糸球体濾過値（GFR）が51～70mℓ/分であるものを言います。

3）慢性腎盂腎炎と水腎症について
腎盂腎炎は、細菌の感染により腎盂、腎杯のみならず、腎実質にも病変がおよぶもので、交通事故受傷では想定されにくいものです。

水腎症は、尿路通過障害の結果、腎盂腎杯の拡張と腎実質の萎縮、腎機能障害をきたした状態ですが、清潔間歇自己導尿が広く行われるようになった今日では、症例が激減しています。
症例ごとに、本件交通事故との因果関係を踏まえながら、個別に対応しています。

41 尿管・膀胱・尿道

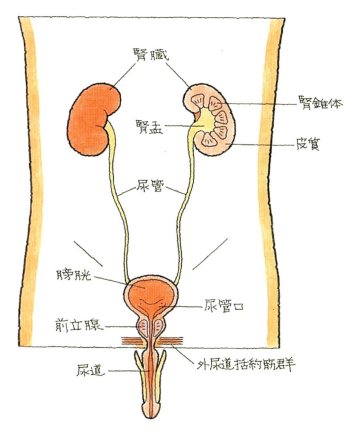

腎臓が、老廃物をこしとって尿を作ることについては、説明しました。
ここでは、尿を膀胱に送る尿管、尿を一時的にためる膀胱、尿を排泄する尿道について解説します。

その前に、尿は、どのように作られているのか？
どのような過程をたどって、体外に排泄されているのか？ 少し触れておきます。

ヒトは、空気を吸入して肺に取り込んだ酸素と、食事で、主に小腸から吸収した栄養分を血液の中に送り込んで、身体中の細胞に運び、供給を続けています。
細胞は、酸素や栄養分の供給がなければ、死滅することになり、ヒトも生存できません。
血液は、酸素や栄養分を身体中の細胞にくまなく届ける、大変重要な役目を果たしているのです。

血液には、もう1つの重要な役割があります。
それは、身体中の細胞から、不要となって捨てられたものを回収して、腎臓に送り込むことです。
腎臓では、血液中の不要なもの＝老廃物を、こし取って、ろ過しています。
これは原尿と呼ばれ、大人では1日、ドラム缶1杯、150ℓにもなります。
もし、原尿のすべてが尿となって排泄されると、ヒトは脱水症状となり、死に至ります。

139

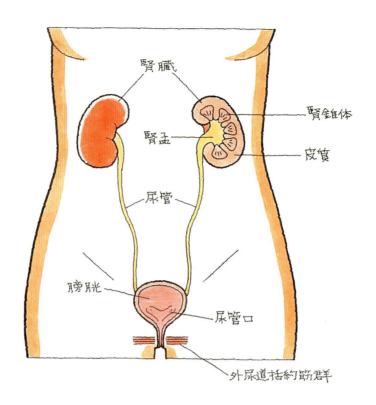

原尿の内、水分の大部分は尿細管、集合管で再吸収され、尿は、濃縮されているのです。
利用できる成分＝水分、塩分、ブドウ糖、アミノ酸などは、再利用のため体に戻されています。
本当に不要なもの＝老廃物だけが、尿となり、尿管を通って膀胱にためられるのです。
ヒトは、血液中に捨てられた不要なものを、尿として、体外に排泄しているのです。

腎臓は、絶え間なく尿を作っていますが、そのまま排泄されると、通常生活が維持できなくなります。
ですから、膀胱は、腎臓で作った尿をためておく袋の役目を果たしています。
そして、尿がある程度たまったら、体外に排泄することになります。

※尿路、尿の流れ
左右の腎臓から尿管、膀胱、尿道に至る尿の通り道を、尿路と呼びます。
尿は２つの腎臓で絶え間なく作られ、尿管を通って膀胱へと流入しています。
そして膀胱から尿道を通り、男性では陰茎、女性では外陰部を経て体外に排出されています。

※尿管
尿管は長さが30〜40cmの筋肉の管で、その上端は腎臓、下端は膀胱につながっています。
腎臓でつくられた尿は、尿管を通って膀胱に流れ込みます。
尿管は膀胱壁の部分で括約筋を貫通しており、この括約筋は輪状の筋肉組織で、カメラの絞りのように開いて尿を通過させ、尿が通過すると、ピッタリ閉じるという働きをしています。

※膀胱
膀胱は伸縮性のある筋肉でできた袋状の器官で、尿管を通って流れてきた尿は膀胱にたまります。
膀胱は500mℓの容量を有していますが、尿の量に応じて徐々に膨張します。
膀胱に300mℓの尿がたまると、神経信号が脳に送られ、排尿が必要であることを伝えます。

膀胱の出口は尿道につながっていて、出口にある括約筋が開くと、尿は膀胱から流れ出ていきます。同時に膀胱壁が自動的に収縮し、その圧力によって尿は尿道の中を下方へ押し出されていきます。
腹壁の筋肉が自発的に収縮することで、さらに圧が加わります。
尿管から膀胱への入り口にある括約筋はしっかりと閉じたままで、尿が尿管を上がり、腎臓の方へ逆流するのを防止しています。

※尿道
尿道は、尿を膀胱から体の外に排出する管です。
男性では、尿道の長さは 16 〜 20cm で、陰茎の先端部で、女性では 3 〜 4cm の長さで、外陰部で終了しています。

42　尿管外傷

体に対する直接的な衝撃、つまり交通事故で尿管に外傷が起こることは、ほとんどありません。
稀に、胴体が後ろ向きに反りかえるような鈍い衝撃を受けると、尿管上部が腎臓からちぎれてしまうことがあると報告されていますが、これまでに、そのような症例を経験したことはありません。
そして、労災保険の後遺障害認定基準でも、尿管損傷は取り上げられていません。

しかし、あり得ることなので、説明をしておきます。
尿管は可動性に富んだ組織であり、外傷性、非開放性の尿管断裂は稀ですが、外傷性尿管断裂は腎盂尿管移行部に発生することが多く、この原因として、腎盂尿管移行部は腸腰筋と腹膜とに比較的固定されており、腎が上方に偏位するとき尿管の弾性の限界を容易に超えやすいこと、第 12 肋骨と腰椎横突起で圧迫されやすいことが報告されています。

症状は、腹部や脇腹の痛みと訴えですが、尿の持続的な漏出による感染では、発熱を伴います。
また、血尿が見られることもあります。
尿管から尿が流出すると、腹膜内では腹膜炎、後腹膜では、尿貯留腫を起こします。
皮膚が開放創に向かえば尿管皮膚瘻、女性では、尿管膣瘻を形成することもあります。

エコー、静脈性腎盂造影、逆行性腎盂造影、経皮的腎盂造影検査を行うことにより、尿管損傷の診断、損傷の程度の把握は比較的容易ですが、症例数が少なく、発見が遅れることが多いのです。

オペ中に、誤って尿管を引っかける医原性の尿管外傷は、ほとんどが軽度なもので、少量の尿が漏れ出しますが、損傷部は自然に修復されます。
もちろん、感染防止の必要から、抗生物質が投与されます。
感染症では、尿管狭窄を引き起こすことが多く、必ず、抗生物質の予防的投与が行われています。

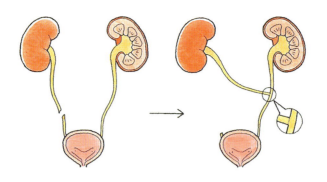

外傷性の尿管の断裂では、尿は後腹膜腔に漏れ出ることになり、著しい尿漏れでは、急性腹症、感染症を合併し、放置すると死に至るので、柔軟な管＝尿管ステントを留置する治療、脇腹を小さく切開し、そこからステントを腎臓に通す経皮的腎瘻造設術が選択されています。
この処置で、2～6週間ほど、尿路を変更し、その間に尿管を回復させます。

尿管の完全断裂では、オペによる尿管の再吻合が行われ、後腹膜腔には、ドレーンを留置されます。

※瘻孔、ろうこう
瘻孔とは、管腔臓器の壁に、その内容物が本来の行き場ではないところに漏れ出てしまう、本来つながっていないところに通じてしまう孔、異常な通路ができた状態のことを言います。
単にふさぐだけでは、孔が閉じることはなく、化膿を治療し、この通路を切り取り、閉鎖するオペを瘻孔形成術と呼びます。
例えば、肛門近くに、直腸の内容が肛門を通らずに出るような孔が開くと、痔瘻、胃に孔を開けて体外と胃の内腔が直接つながるような管を留置することを胃瘻と呼びます。

尿管外傷における後遺障害のキモ？

1）軽度な尿管外傷で、保存的に治癒したもの、ステント管の留置や経皮的腎瘻造設術で治癒したものでは、後遺障害を残しません。

2）尿管上部が引きちぎられたものであっても、吻合術やバイパス吻合術が成功し、尿管狭窄を残さないときは、後遺障害を残しません。

3）しかし、外傷性の尿管断裂の発見が遅れ、著しい尿漏れで腹膜炎や急性腹症を合併、漏れ出た尿が膿腫となったときは、腎摘出術が選択されます。
このときは、
①1側の腎臓を失い、腎機能が高度低下していると認められるものは7級5号が認定されます。
腎機能が高度低下しているとは、糸球体濾過値（GFR）が31～50ml／分であるものを言います。
高度低下は、腎機能の低下が明らかであって、濾過機能の低下により、易疲労性、ホルモンの産生機能の低下により貧血を起こし、動悸、息切れを生じるような状態です。

②1側の腎臓を失い、腎機能が中等度低下していると認められるものは9級11号が認定されます。
腎機能が中等度低下しているとは、糸球体濾過値（GFR）が51～70ml／分であるものを言います。

中等度は、高度に至らないまでも同様の症状が生じる状態です。

また、健常人と腎機能低下の者（血清クレアチニン 1.5 〜 2.4mg/dℓ）を比較すると、前者に比べ後者は運動耐容能が有意に低く、嫌気性代謝閾値が約 4.3METs という報告がなされています。
この知見を踏まえると、おおむね高度低下では、やや早く歩くことは構わないが、早足散歩などは回避すべきと考えられています。

③1側の腎臓を失い、腎機能が軽度低下していると認められるものは 11 級 10 号が認定されます。
腎機能が軽度低下しているとは、糸球体濾過値（GFR）が 71 〜 90mℓ /分であるものを言います。
軽度低下は、腎機能の予備能力が低下している状態であり、基本的には無症状ですが、過激な運動は避けるべき状態です、

④1側の腎臓を失ったものは 13 級 11 号が認定されます。

43　膀胱の外傷

左右の腎臓で作られた尿は、尿管を通じて膀胱に貯まります。
では、交通事故で、この膀胱が損傷を受けるとどうなるのか？　これについて説明していきます。

膀胱は、骨盤骨である恥骨の後部に位置していること、そして、膀胱に尿が少ないときは、しぼんだ風船の形態となっていることで、外部からの衝撃を受けにくいとされているのですが、膀胱に尿が充満しているときに、外部から強い衝撃を受けると、膀胱に破裂が生じることがあります。
充満した膀胱に外力が加わると膀胱内圧が急上昇し、膀胱壁が損傷、または断裂するのです。
バイクや自転車を運転中に自動車と衝突、転倒することで、膀胱破裂は発生しています。

さらに、尿の充満に関係なく、高速道路における自動車同士の高エネルギー衝突などでは、骨盤骨折に伴って膀胱の挫傷や破裂が発生しています。

膀胱外傷の症状は、主に、血尿、排尿困難、骨盤や下腹部の痛みの訴えです。
膀胱底には排尿を支配する筋肉があり、その筋肉が損傷すると、頻尿や尿失禁が起こります。

膀胱破裂の検査は、
①腹部単純XP＝KUBで、腎から膀胱までの範囲を撮影します。
②排泄性腎盂造影＝IVP、造影剤を注入し、腎臓や尿管、膀胱の状態をXP撮影します。
③膀胱造影＝CG、膀胱に、カテーテルから造影剤を注入し、膀胱内の状態を描出します。
④膀胱造影後のKUB
⑤CT、膀胱造影で膀胱破裂の有無がハッキリしないときは、腹膜内破裂や他の内臓器損傷の有無を調べる上で造影CTが有用とされています。

外傷による膀胱損傷は、膀胱挫傷、腹膜外膀胱破裂、腹膜内膀胱破裂の３つに分類されています。
①膀胱挫傷は、膀胱壁に損傷をきたすものの、穿孔の認められないものを言います。

②腹膜外膀胱破裂は、骨盤骨折に合併することが多いと報告されています。
③腹膜内膀胱破裂は、膀胱が充満しているときに下腹部を強打して発生することが多いのです。

膀胱外傷が挫傷、裂傷であっても軽度なものは、膀胱が治癒するまでの5～10日間、尿道にカテーテルを挿入・留置する治療が行われ、これで治癒しています。

腹膜内膀胱破裂は、手術適応となり、破裂部の縫合閉鎖と膀胱瘻の造設が必要となります。
広範囲の膀胱破裂で、膀胱壁の縫合が困難なときは、膀胱の摘出術と尿路変向術が行われます。
また、膀胱の機能が維持されていても、下部尿路の閉塞により尿を排出できないときは、尿路変向術が行われています。

尿路変向術における後遺障害のキモ?

交通事故による膀胱破裂で、膀胱摘出術を受け、膀胱を失ったときは?
そのまま放置すれば、腎臓で作られた尿を蓄尿することも、排尿することもできなくなり、頻尿、切迫した尿意、尿失禁、骨盤膿瘍、感染症などの合併症が起こり、死に至ります。
そこで、新たな膀胱を作り、蓄尿と排尿を行うことになります。
このことを尿路変向術と呼び、以下の4つがあります。

1）非尿禁制型尿路変向術、尿管皮膚瘻

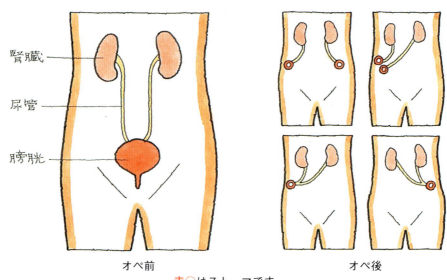

赤○はストーマです。

尿管を直接、腹部の皮膚に縫い合わせてストーマを作るもので、4つの尿路変向術の中では、オペが簡単で、短時間で済み、感染症の危険も少ないものです。
尿管皮膚瘻のストーマは、直径1cmの小さいもので、ストーマは1つと2つのものがあります。
尿管皮膚瘻では、尿をためることができず、尿は絶えず体外に流出し続けています。
そのために、尿をためる袋＝パウチをストーマにつけます。
カテーテルをストーマから腎臓まで入れておく方法もあります。

非尿禁制型尿路変向術は、蓄尿の機能が失われた状態であり、体表にストーマを設け、袋＝パウチを装

着し、収尿しなければなりません。
日常生活では、重いものを持てない、混雑の電車やバスに乗れないなどの制約が生じます。
また、排尿では、通常のトイレでは困難であり、また、公衆浴場などの利用にも躊躇せざるを得ません。
被害者の行動に大きな制約が認められるところから、7級5号が認定されています。

なお、非尿禁制型尿路変向術を行ったもので、パウチによる維持管理が困難であるものは、皮膚のびらんなどによる障害も含め、5級3号が認定されています。
パウチなどによる維持管理が困難とは、尿が漏出することで、ストーマ周辺に著しい皮膚のただれ、びらんを生じ、パウチなどの装着ができないものを言います。

2）非尿禁制型尿路変向術、回腸導管

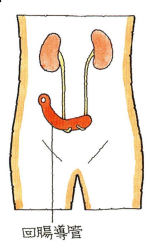
回腸導管

回腸の一部を切除して、尿管をつなぎ、一方の腸を閉じます。
もう片方の腸を腹部の外に出し、ここから尿を排出します。
回腸導管では、尿が腸の動きにより、絶えず体外に流出するので、ストーマには、尿をためる袋＝パウチをつけます。

後遺障害等級は、1）に同じです。

3）禁制型尿リザボア、導尿型代用膀胱＝インディアナパウチ

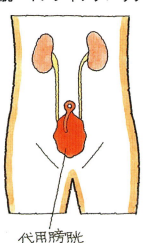
代用膀胱

腸を利用して袋を作り、そこに尿管をつないで膀胱の代わりを作成します。
腸の一方を腹部の外に出し、ストーマを形成します。
尿は、この代用膀胱にたまりますが、排尿の指示はなく、そこで尿が漏れないための弁を作ります。
袋＝パウチをつけることはなく、定期的にストーマから管を入れて尿を体外に排出することになります。
腸で作成した代用膀胱からは、腸粘液が分泌されるので、定期的に、腸洗浄が必要となります。

代用膀胱が形成されますが、ストーマは腹部の外に出ており、ここから定期的に排尿を行います。

禁制型尿リザボアでは、排尿の機能は失われており、間欠的に自己導尿をしなければなりません。
さらに、当初は尿の禁制は保たれているものの、術後一定期間経過すると、蓄尿機能が失われることも報告されており、非尿禁制型尿路変向術と同様に評価され、7級5号が認定されています。

4）尿禁制型尿路変向術、自然排尿型代用膀胱

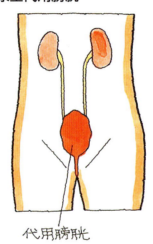
代用膀胱

腸を利用して代用膀胱を作成した後、尿管と尿道をつなぎ直し、代用膀胱で蓄尿し、尿道を通じて排尿する理想的なオペで、見た目はオペ前と変わらないのが利点ですが、代用膀胱では、尿意を感じることがなく、自然に排尿することもできません。
下腹部に張りを感じたときに、尿がたまっていると認識、お腹に力を入れて、つまり腹圧を利用して排尿しなければなりません。

尿禁制型尿路変向術を行ったもので、禁制型尿リザボア以外のものは、排尿や蓄尿の機能が基本的に温存、または再建されており、体表にストーマを設ける必要がなく、パウチも不要であって、被害者の支障は大きく軽減されます。
しかし、尿禁制型尿路変向術を行ったときでも、夜間に失禁を認めることが多いと報告されており、尿禁制が完全に保たれているわけではなく、また、腎臓の機能に障害をもたらすことも多く、摘出した膀胱の機能をすべてカバーするものではありません。
以上から、9級11号が認定されています。

非尿禁制型？　禁制型尿リザボア？　尿禁制型？
後遺障害の認定基準では、舌を噛みそうな単語が登場しますが、必死に覚える必要はありません。

ストーマが形成されたのか？　パウチをぶら下げているのか？　見た目が変わらないのか？
この区分で、等級が認定されていることを理解してください。

術式	利点	欠点
尿管皮膚瘻	腸の切除がなく、オペ後の回復が早い、オペ時間が短く、身体の負担が少ない、	ストーマケアが必要、皮膚炎などのストーマトラブル、パウチの張替が、やや困難、パウチからの尿漏れ、尿管の狭窄 感染＝腎盂腎炎が起こりやすい、
回腸導管	ストーマの狭窄が起こりにくい、腎盂腎炎など感染症が起こりにくい、ストーマが飛び出ており、パウチ交換が簡単、	ストーマケアが必要、皮膚炎などのストーマトラブル、腸を20cm切除するので、オペ後の開腹に時間を要する、オペ時間は、7～9時間、
自然排尿型代用膀胱	ストーマがなく、ストーマケアが不要、見た目が良い、日常生活の支障が少ない、	腸を60cm切除、オペ後の回復に時間を要する、イレウスや感染、術後の合併症の頻度がやや高い、オペ時間が8～10時間と長い、尿が排出できない、残尿が多いときは、1日に5～7回の自己導尿が必要、

44　尿道外傷（にょうどうがいしょう）

腎臓からスタート、下降を続け、尿管、膀胱の外傷を解説してきました。
ここでは、最下部に位置する尿道を解説します。

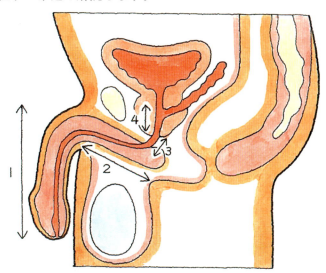

①振子部尿道と②球部尿道は、前部尿道、
③膜様部尿道と④前立腺部尿道は、後部尿道と呼んでいます。

尿道外傷は、男性に圧倒的で、挫傷、部分的破裂、完全破裂の3つに分類されています。
後部尿道の外傷は、骨盤骨折に合併することがほとんどで、前部尿道の外傷は、会陰のまたがり損傷＝騎乗型損傷に起因することが多いと報告されています。
合併症には、尿道の狭窄、感染症、勃起不全や失禁などがあります。

尿道口からの出血が、最も重要な尿道外傷の徴候であり、この他の徴候としては、会陰、陰嚢、陰茎の斑状出血、浮腫、直腸内診で確認される前立腺の高位浮遊などがあります。

逆行性尿路造影法により確定診断がなされています。

挫傷では、経尿道カテーテルを10日間程度、留置することで安全に治癒することができます。
部分破裂であれば、恥骨上カテーテル留置による治療が最善とされています。
後部の部分破裂では、カテーテルを用いて一次的な尿道再形成を試みるときもあります。
完全破裂となれば、恥骨上膀胱瘻造設術により、ドレナージして治療する方法が簡便かつ安全性の高い治療方法です。
尿道の瘢痕組織が安定化するまで、3～6カ月間を待機して、根治術が選択されています。

※騎乗型損傷
またがり損傷とも呼ばれ、なにか、硬いもので股間＝会陰部を打撲することで発症します。
恥骨との間で球部尿道が挫滅し、挫滅した尿道は線維化、瘢痕化を起こし、高い確率で球部尿道狭窄症を発症します。
自転車のサドル、鉄棒やフェンスに跨がろうとして誤って手足を滑らせて会陰部を強打、風呂場や温泉で湯船に入る際に足を滑らせて会陰部を打撲、これらが、典型的な受傷のパターンです。
受傷直後は尿道が強く挫滅を受けていますので、修復手術や、尿道にカテーテルを通すなどの治療ではなく、膀胱瘻＝下腹部に小さな穴を開け、膀胱に直接カテーテルを留置することで、尿の出口を確保することが最良の選択です。
受傷後3～6カ月を経過して、炎症が治癒してから尿道形成術が実施されています。

※骨盤骨折に伴う後部尿道外傷
後部尿道外傷は、交通事故によって起こる骨盤骨折の10％に認められると報告されています。
尿道は膜様部で骨盤に固定されているのですが、骨盤が左右から圧迫される、捻るような大きな力が加わると後部尿道が断裂してしまうのです。
騎乗型損傷に同じく、受傷から、3～6カ月を経過した後に、尿道形成術が実施されています。

尿道外傷は、挫傷、部分的破裂、完全破裂の3つに分類されています。
挫傷であれば、経尿道カテーテルの留置により、後遺障害を残すことなく改善が得られています。
部分的破裂では、恥骨上カテーテル留置による治療が最善とされています。
後部尿道の部分破裂、完全破裂では、一時的に尿道瘻が形成されますが、3～6カ月後には、尿道形成術が選択され、後遺障害を残すことなく改善が得られています。

もちろん、交通事故では、重篤な不可逆的損傷も予想されるところから、尿道損傷に伴う排尿障害についても個別的に検証していかなければなりません。

尿道外傷における後遺障害のキモ？

1）排尿の機能障害
排尿とは、貯留した尿を意図的に排出することであり、排尿機能障害は、排尿困難、残尿感あるいは尿閉などの症状として出現します。

①高度の排尿障害が認められるものは9級11号が認定されます。
高度の排尿障害とは、残尿が100mℓ以上であることが超音波画像検査＝ウロダイナミクス検査で立証されていることを意味しています。

②中等度の排尿障害が認められるものは11級10号が認定されます。
中等度の排尿障害とは、残尿が50mℓ以上100mℓ未満であることが、超音波画像検査＝ウロダイナミクス検査で立証されていることを意味しています。
尿道狭窄のため、糸状プジーを必要とするもの、

③尿道狭窄のため、糸状プジー第20番がかろうじて通り、ときどき拡張術を行う必要のあるものは、準用により14級相当が認定されています。

※糸状（しじょう）プジー

金属製、ゴム製などの細い管または棒で、主として尿道などの狭い体管腔に挿入、狭窄部分の拡張を行う目的で使用されている医療器具です。
糸状プジーは、尿道狭窄により、カテーテルが入れられず、拡張が必要なときに使うもので、糸のように細いプジーを先に通しておき、それに金属カテーテルを接続して挿入しています。

45 外傷性尿道狭窄症（がいしょうせいにょうどうきょうさくしょう）

尿道狭窄症は男性に多くみられる疾患で、外傷により、尿道粘膜を挫傷、これが修復される過程で尿道粘膜や尿道粘膜を取り囲む尿道海綿体に線維化、瘢痕化という異常が起こり、尿が通る内腔が狭くなる病態です。

症状が重いときは、自力で排尿ができなくなり、尿道や膀胱にカテーテルを入れた状態で生活しなければならなくなり、放置すれば、尿路感染症や腎機能障害に至ることも予想されます。

尿道狭窄症の治療方法は狭窄の原因、狭窄の長さ、部位によって変わります。
これまでは、狭窄が1カ所で1cm未満の短いものは、まず尿道拡張ブジー、尿道内視鏡で観察しながら狭窄部の内尿道を切開する内尿道切開術＝経尿道的治療を行うのが一般的でした。
後遺障害の認定基準も、経尿道的治療を前提として組み立てられています。
しかし、経尿道的治療は短期的には有効でも、長期的には、かなり高率で再狭窄するのです。
再狭窄では、再度経尿道的治療を行っても効果は得られません。
逆に、狭窄は複雑なものとなり、治りにくくしているのです。

交通事故外傷を原因とする狭窄、1cmを超える長い狭窄、複数部位の狭窄では、経尿道的治療で治癒することはなく、尿道狭窄症を治癒させる方法は、尿道を作り直す手術、つまり尿道形成術を行うことになります。

①狭窄部切除、尿道端々吻合術

狭窄している部分を切除して、残った正常な尿道同士を縫い合わせるという非常にシンプルな方法で、膀胱に近い中枢側の球部尿道狭窄症に適応しています。
球部尿道は、恥骨の裏側でカーブしており、長さに余裕があります。
2cm程度の狭窄であれば、尿道端々吻合術で修復することが可能です。

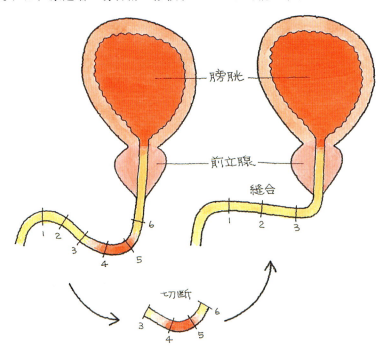

尿道の出口寄りの末梢側球部尿道や陰茎部分の振子部尿道の狭窄では、1cm程度の短い狭窄であっても、切除することにより陰茎の変形、勃起に伴う陰茎の伸縮により血液の流れが悪くなり再狭窄をきたす可能性が高いので、尿道端々吻合は適応となりません。

②後部尿道形成術

交通事故による後部尿道外傷は、骨盤骨折の10%に合併すると報告されています。
直腸、膀胱などの多臓器損傷を伴っていることが多く、まずそちらの治療が優先されます。
受傷直後は、尿の出口となる膀胱瘻を作成しておき、外傷が落ち着いてから尿道形成術を行います。
尿道形成術のタイミングは、尿道の炎症や感染がなくなり、瘢痕化が完了したときで、一般的には受傷から3〜6カ月が望ましいとされています。
手術は瘢痕部分を切除して尿道端々吻合を行いますが、断裂した膜様部尿道や前立腺が頭側へ持ち上がっていることが多く、うまく吻合するためにいろいろな工夫が必要になります。
球部尿道の尿道端々吻合に比べると、手間と時間のかかる難しい手術となっています。

③口腔粘膜を利用した尿道再建術

振子部尿道狭窄症や2cmを超える長い球部尿道狭窄症では狭窄部切除、尿道端々吻合が不可能であり、代用組織を利用して尿道を再建することになります。
狭窄部分を尿道の走行に沿って縦方向に切開し、尿道の代用となる組織をパッチとして縫い合わせて、尿道の内腔を拡張させるオペが実施されています。

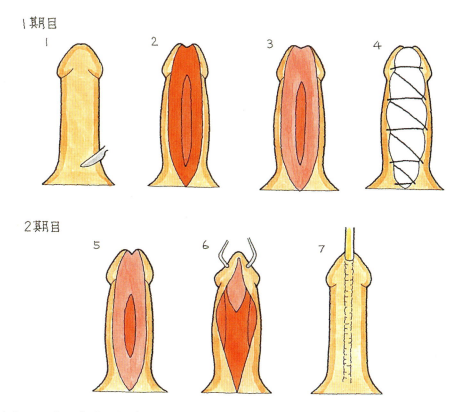

狭窄部の瘢痕化が強く、内腔が極端に狭いときは、尿道下裂の修復術後に生じた狭窄などの複雑なときは、オペを2回に分けて行います。
まず、狭窄した尿道を切除したあとに代用組織を貼り付けるオペを先に行い、6カ月〜1年を経過した段階、貼り付けた代用組織がしっかりと体に馴染んだところで尿道の形に作り直すオペが行われます。

尿道の代用になる組織として、口腔粘膜が注目されています。

口腔粘膜には、複数のアドバンテージがあります。

口腔粘膜は少々熱いものや硬いものに触れても問題なく、口腔には多くの雑菌が繁殖していますが、口の粘膜が雑菌に感染して腐ってしまうことはありません。

つまり、口腔粘膜は頑丈で感染に強く、さらに、粘膜を採取しても、創は口の中に隠れているので、外観からは分からず、美容的に問題になることもありません。

オペ後は、口の中がひきつれる感覚、口腔内のしびれの訴えがなされますが、6カ月の経過で、これらの症状は消失しています。口腔粘膜の採取による後遺障害はありません。

尿道狭窄症はさほど頻度の高い疾患ではなく、尿道形成術の治療経験をもつ医師は少なく、現在でも、経尿道的治療が中心的に行われています。

完治することのない経尿道的治療ではなく、尿道形成術に特化している治療先を紹介しておきます。

治療先　防衛医科大学校病院　泌尿器科

所在地　〒359-8513　埼玉県所沢市並木3-2

TEL　042-995-1211

医師　堀口　明男

治療実績は国内最多で、毎週木曜日、金曜日が外来初診日となっています。

46　神経因性膀胱

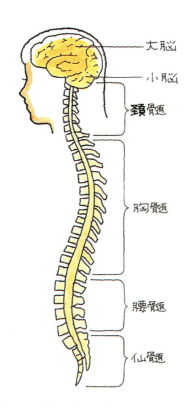

腎臓でつくられた尿は、尿管を通過して膀胱に流れ込みます。

膀胱は、筋肉組織の袋ですが、尿を漏らすことなくためておく＝蓄尿と、たまった尿を体外に排泄する＝排尿の2つの機能を有しています。

●腹部の障害

蓄尿は、長時間にわたって無意識に働き、一方、排尿は、短時間の周期で意識的に行われています。
このことは、膀胱の働きを中心とした排尿の仕組みですが、相反する2つの働きは、膀胱の筋肉、排尿筋や尿道括約筋に対する複雑な神経系統のコントロールによって調節されているのです。

具体的には、膀胱壁の伸展により生じた蓄尿の情報＝尿意は、仙髄の排尿中枢を経由し、脊髄を通って大脳にある排尿中枢へ到達します。
また、排尿中枢からの指令も脊髄を通って膀胱や尿道括約筋に伝達されます。

蓄尿量が少ないときは、膀胱排尿筋の収縮を抑制し、膀胱の出口を閉じる命令が伝達され、無意識な状態であっても、尿は漏れることなくためられるのです。

膀胱に350mℓ以上の尿がたまると、尿意が急速に高まり、準備ができると膀胱排尿筋を収縮させると同時に、尿道括約筋を緩める命令が伝達され、スムーズな排尿が開始されるのです。

では、この神経系統のコントロールが障害されると蓄尿や排尿はどうなるのでしょうか？

大脳、脊髄、末梢神経の部位が外傷で損傷されると、膀胱の働きは確実に障害されます。
膀胱は、腎臓でつくられた尿をためておき、一定量がたまると排尿しますが、その蓄尿や排尿をコントロールする神経系統に損傷や機能的な異常が起きることでスムーズな排尿ができなくなります。
この症状は、神経因性膀胱と診断されています。

神経因性膀胱では、今まで無意識で行っていた排尿が、できなくなる排尿異常が出現します。
症状の程度は、神経系＝大脳、脳幹、脊髄、末梢神経の、どの部位が障害されているかで異なるのですが、大脳では、頭部外傷が、脊髄では、脊髄損傷、頚髄症、頚椎症が、末梢神経の障害としては、腰椎椎間板ヘルニア、腰椎分離症などが代表的です。
蓄尿や排尿をコントロールしている神経系の障害で最も多いのは、外傷性脊髄損傷です。

排尿困難による残尿や尿閉の結果、尿路感染や尿路結石、尿が膀胱から尿管、腎臓へと逆流する膀胱尿管逆流症などが起こり、それらの症状が長引くと腎機能の低下を招くリスクが高くなります。

47　尿崩症（にょうほうしょう）

腎臓の尿細管では、原尿から水分を再吸収することにより体内の水分調整を行っています。
脳の脳下垂体後葉から分泌される抗利尿ホルモンが、水分の再吸収を担当しているのですが、頭部外傷により、脳下垂体に伝わる神経系の障害や脳下垂体後葉部を損傷すると、ホルモンの分泌や作用に障害が生じ、尿細管から水分の再吸収をすることができなくなり、これを尿崩症と呼んでいます。
高次脳機能障害に伴う尿崩症は、複数例の経験があります。

主たる症状は多尿で、多尿に伴う脱水状態のため、のどが渇き、頻繁に水分を飲むようになります。
健常人であれば、1日の尿量は、1.2〜1.5リットルですが、尿崩症では、1日に3リットル以上となり、放置しておけば、10リットル以上になることもあります。

睡眠中も尿量が減少しないことから、一晩に、排尿とのどの渇きによる多飲を繰り返します。

高次脳機能障害では、多飲よりも脱水症状を防止することが重要です。
デスモプレシンという合成ホルモンを鼻からスプレーするホルモン療法を続けることになります。
この薬剤の服用で、体内の水分調整が行われ、のどが渇いたときだけ水を飲めばいいことになります。

治療薬は、点鼻薬のデスモプレシン以外にも、内服のミニリンメルトがあり、2009年から、特定疾患として公費対象となっています。

48　脊髄損傷

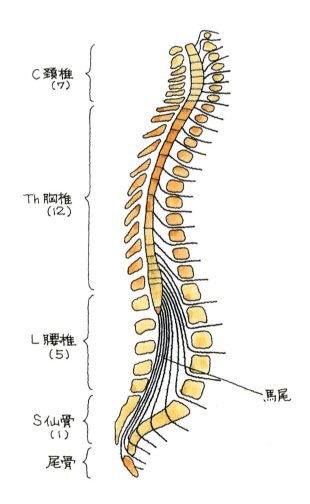

膀胱の働きを調節する神経は、仙髄から大脳までの長い経路を走行しており、脊髄損傷では、損傷部位の高さにかかわらず、排尿障害を伴うことが予想されます。

脊髄は脊椎によって囲まれた脊柱管というトンネルを通り、脳からの指令を手や足などの末梢に伝達し、反対に末梢からの信号を脳へ伝達する役割を果たしています。
顔面以外の運動や感覚は、すべて、この脊髄を介して行われているのです。
脊髄は、それぞれ左右へ末梢への枝を出しており、その枝の出ている位置から髄節という単位に分類され、頚髄は8、胸髄は12、腰髄は5、仙髄も5の髄節に分類されています。

脊髄が損傷されると、その障害された部位より下方向には、脳からの指令が伝達されなくなり、下からの信号も脳に伝達できなくなります。
そのため、運動麻痺、感覚、自律神経、排尿、排便障害などのさまざまな障害が生じます。
脊髄は脳と同様に中枢神経に分類され、成人では、神経細胞が損傷されると、現状では、その再生は困難であり、後遺障害を遺残することになります。

脊髄損傷では、高率に排尿障害を合併します。
膀胱に尿をためたり出したりする機能は、脊髄の一番下の部位にある排尿中枢というところで制御しているのですが、排尿中枢は大脳や脳幹部からの指令によって調節されており、脊髄のどの部位に障害を受けても、排尿障害は必ず起こるのです。
この病態は、神経因性膀胱と呼ばれています。
排尿障害には、膀胱にためる障害と排出する障害がありますが、脊髄損傷では、その両方が合併することが一般的です。
ためることができないと、膀胱が異常に収縮し、尿失禁が起こります。
膀胱の異常な収縮によって膀胱に高い圧力がかかると、徐々に膀胱が損傷され、変形してきます。
膀胱変形が進行すると、腎臓に負担がかかり、放置しておくと腎機能障害に発展、透析が必要な状態になることもあります。

同時に、脊髄障害では、尿をスムーズに排出することができなくなります。
ほとんどで、自分の力では、全く尿を出すことができません。
腹圧により、見かけ上は、排尿ができていることもありますが、膀胱に無理な力がかかる、出しきれずに尿が残る＝残尿などの問題があります。
排尿機能の障害でも、膀胱に負担がかかり、膀胱変形や腎機能障害をもたらすことが多いのです。

脊髄障害に対する対処は、間欠導尿法が最も優れた方法です。
異常な収縮に対しては、これを抑えるための抗コリン剤という薬の内服で対処されています。
間欠導尿ができないときは、カテーテルを常時留置することになりますが、この場合には膀胱瘻といって、下腹部にカテーテルを留置する人工的な穴を作る方法が、長期的には合併症も少なく最善の方法とされています。
膀胱瘻の造設には、簡単なオペが必要です。
排尿をどのようにしてコントロールするかは、日常生活における最も切実な問題です。

神経因性膀胱における後遺障害のキモ?

1) 排尿の機能障害
排尿とは、貯留した尿を意図的に排出することであり、排尿機能障害は、排尿困難、残尿感あるいは尿閉などの症状として出現します。

①高度の排尿障害が認められるものは9級11号が認定されます。
排尿障害が認められるとは、脊髄損傷など神経因性の排尿障害の原因が明らかであると医師により診断されていることであり、高度の排尿障害とは、残尿が100mℓ以上であることが超音波画像検査=ウロダイナミクス検査で立証されていることを意味しています。

②中等度の排尿障害が認められるものは11級10号が認定されます。
排尿障害が認められるとは、脊髄損傷など神経因性の排尿障害の原因が明らかであると医師により診断されていることで、中等度の排尿障害とは、残尿が50mℓ以上100mℓ未満であることが、超音波画像検査=ウロダイナミクス検査で立証されていることを意味しています。

2) 蓄尿の機能障害
蓄尿とは、一定量の尿を膀胱内に貯留することを意味しています。
蓄尿機能障害とは、尿失禁として現れ、尿意が保たれているときは、頻尿の症状となります。
尿失禁とは、無意識、意思に反して尿が尿道、または尿道以外から体外に漏れる状態を言います。

尿失禁は、3つに分類されています。
※持続性尿失禁
膀胱の括約筋機能が低下、または欠如しているため、尿を膀胱内に蓄えることができず、常に尿道から尿が漏出する状態のことで、膀胱括約筋の損傷、または支配神経の損傷により出現します。

※切迫性尿失禁
強い尿意に伴い、不随意に尿が漏れる状態であり、尿意を感じても、トイレまで我慢することができずに尿失禁が生じます。
頭部外傷により、脳の排尿中枢を含む排尿反射抑制路の障害が考えられます。

※腹圧性尿失禁
笑ったり、咳やくしゃみ、重い荷物を持ち上げたりしたとき、歩行や激しい運動などによって急激に腹圧が上昇したときに尿が漏れる状態を言います。
尿道外傷による括約筋の障害で生じることが考えられます。

①持続性尿失禁であると医師により認められるものは7級5号が認定されます。
持続性尿失禁とは、以下の2つの要件のいずれをも満たさなければなりません。
(1) 膀胱括約筋の損傷、または支配神経の損傷が医学的に確認できること
(2) 上記の損傷により蓄尿の機能が失われていることが医学的に確認できること

いずれも、超音波画像検査＝ウロダイナミクス検査で立証することができます。

②高度の尿失禁であると医師により認められるものは 7 級 5 号が認定されます。
尿失禁であるとは、切迫性尿失禁、または腹圧性尿失禁のいずれかの要件を満たすもので、また、高度の尿失禁であるとは、終日パッド等を装着しなければならず、かつ、パッドをしばしば交換しなければならないと医師により認められるものを言います。

③中等度の尿失禁であると医師により認められるものは 9 級 11 号が認定されます。
尿失禁であるとは、切迫性尿失禁、または腹圧性尿失禁のいずれかの要件を満たすもので、中等度の尿失禁とは、常時パッドを装着しなければならないが、パッドの交換までは要しないと医師により認められるものを言います。

④軽度の尿失禁であると医師により認められるものは 11 級 10 号が認定されます。
尿失禁とは、切迫性尿失禁、または腹圧性尿失禁のいずれかの要件を満たすもので、軽度の尿失禁とは、常時パッド等の装着は要しないが、下着が少し濡れると医師により認められるものを言います。

⑤頻尿を残すと医師により認められるものは 11 級 10 号が認定されます。
頻尿を残すとは、以下の 3 つのいずれの要件も満たさなければなりません。
①器質的病変による膀胱容量の減少、または膀胱もしくは尿道の支配神経の損傷が超音波画像検査＝ウロダイナミクス検査で立証されていること、
②日中 8 回以上の排尿が、医師の所見により認められること、
③多飲など、頻尿となる他の原因が認められないこと、

49　実質臓器・副腎の損傷

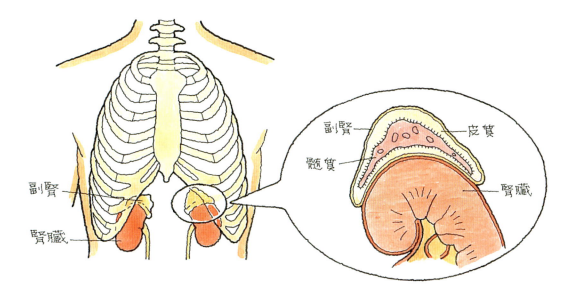

副腎は、両方の腎臓の上に帽子のように乗っている左右 1 対の臓器で、大きさは 4 〜 5cm です。
副腎は、皮質と髄質に分かれていて、非常に大切な 50 種類のステロイドホルモンを産生しています。
ヒトが生きていくために重要なホルモンは、コルチゾール、アルドステロン、DHFA、アンドロステン

ジオンで、副腎で産生されるホルモンは、体内で濃度が一定に保たれ、分泌量が調節されています。
両方の副腎の機能が低下すると、内服によるステロイド・ホルモンの補充が必要となります。

1）ステロイド・ホルモンの機能、欠乏したときの症状

①コルチゾール
糖代謝、蛋白代謝、脂質代謝や電解質作用を有しており、このホルモンが不足すると、色素沈着、食欲不振、体重減少、易疲労、悪心・嘔吐、腹痛、下痢などの症状が出現します。

②アルドステロン
副腎皮質から分泌されるステロイド・ホルモンで、腎臓からのナトリウム排泄を抑制し、血液中のナトリウムとカリウムのバランスを制御しており、このホルモンが不足すると、低血圧、低ナトリウム血、高カリウム血、脱水、代謝性アシドーシスを呈し、ショック状態に陥ります。

③DHFA
性ステロイドで、女性にとっては貴重な男性ホルモンです。
このホルモンが不足すると、腋毛・恥毛の脱落、性欲減退、勃起障害、無月経となります。

④アンドロステンジオン
性ステロイドで、やがて男性ホルモンのテストステロン、女性ホルモンであるエストロンになります。
このホルモンが不足すると、DHFAと同じで、腋毛・恥毛の脱落、性欲減退、男では、勃起障害、女性では、無月経となります。
アンドロステンジオンは、筋肉増強剤のサプリメントとして、大リーガーのマグワイアが使用、ホームランを増産したことで有名ですが、現在は禁止薬物となり、市販はされていません。

2）問題点

上記の通り、副腎は、ヒトが生きていくための重要なステロイド・ホルモンを産生しており、外傷による2つの副腎の摘出では、生涯、コルチゾールを主体とした補充療法が生命維持のため必要となります。
もちろん、副腎皮質の機能の低下でも、補充療法が必要となります。
補充療法中に、副腎皮質ホルモンが不足すると、急性副腎皮質不全を招くことも予想されます。

しかし、厚生労働省は、この状況で治癒とすることは適切でないとして、労災保険における後遺障害等級認定を否定していますが、交通事故となれば、症状固定を否定することはできません。

3）交通事故による副腎の摘出

自転車やバイクと自動車の衝突では、腹部に対する強い打撃で、腎臓や副腎の破裂が起きています。
これまでにも複数例を経験していますが、交通事故で1側の腎臓や副腎を摘出することはあっても、両側の摘出は経験していません。
正常な副腎が1つ残れば、機能が半減することはほとんどなく、むしろ、1つの副腎が2つ分の働きを

● 腹部の障害

すると報告されており、これらを信用して、後遺障害を無視してきました。
しかし、残った副腎に、相当なストレスがかかることは予想されるのです。
将来には、加齢の要素もあり、副腎の機能が徐々に低下していく可能性は十分に考えられるのです。

腎臓では、糸球体濾過値＝GFRの値により、後遺障害等級の認定をしていますが、副腎では、そのような設定はなされていません。

副腎皮質の機能低下における後遺障害のキモ？

①副腎の機能検査で、フォローすることを怠らないこと、
副腎の機能検査は、血液検査が主体です。

※ACTH検査
ACTH＝副腎皮質刺激ホルモンの測定は、早朝空腹時に安静にした状態で採血をします。
起床直後から午前中にかけて分泌量が増加し、午後になると減少する血内変動が見られます。
また、ストレスを受けると数値は上昇します。
ACTHの測定は通常、コルチゾールの測定と併せて行われます。

ACTH＝副腎皮質刺激ホルモンの基準値は、早朝安静時で 7.4 〜 55.7pg/mℓ

※コルチゾール検査
コルチゾールの測定は、午前8〜10時に採血を行って調べます。
分泌量は、朝、起床したときが最も多く、午後から夜にかけては徐々に減っていきます。

尿中の遊離コルチゾールの測定を行うこともあります。
24時間の蓄尿を行うことにより、コルチゾールの1日の分泌量を評価できます。

血中コルチゾールの基準値は、4.0 〜 23.3ug/mℓ
尿中コルチゾールの基準値は、26.0 〜 187.0μg/日

これら以外では、空腹時血糖値検査、血清中のカリウム、ナトリウムの濃度を調べる血液検査が行われています。

②副腎機能検査で異常が認められるとき、検査値に異常はないとしても、吐き気や腹痛、嘔吐、発熱、関節痛、食欲不振、急激な血圧の変化、衰弱、悪寒、発疹、心拍数が高く不安定などの症状が出現したときには、主治医とも相談の上、日常生活、仕事上の具体的な支障を明らかにして後遺障害診断を受け、申請することになります。
等級は、9級11号、11級10号のいずれかが想定されます。

50 急性副腎皮質不全

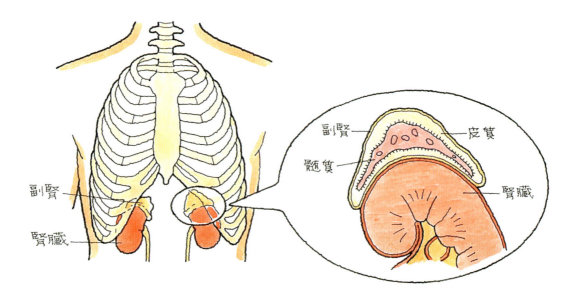

急性副腎皮質不全は、副腎の外傷を原因としたステロイド・ホルモン、コルチゾール不足で起こります。副腎は腎臓の上に位置しており、副腎がコルチゾールのような糖質コルチコイド・ホルモンを産生しないと、ヒトの身体は正しい免疫反応ができなくなるのです。

必要な副腎ホルモンがない人は、ストレスに負けることがあります。
ストレスがたまると副腎はコルチゾールと呼ばれるホルモンを生成します。
コルチゾールはストレスに対する身体の反応を支えるもので、骨の健康、免疫反応、食物の代謝にも大切な役目を果たしています。
コルチゾール値が急激に下がると、吐き気や腹痛、嘔吐、発熱、関節痛、食欲不振、急激な血圧の変化、衰弱、悪寒、発疹、心拍数が高く不安定などの多様な症状が出現します。
急性副腎皮質不全は、アジソンクリーゼとも呼ばれ、重症の緊急事態です。

医師は、血液検査により、副腎ホルモンの値が正常であるかどうかを調べます。
血液検査で、好酸球増多、低血糖、血中コルチゾールが低値であれば、急性副腎皮質不全の可能性が高まります。治療ですが、急性副腎不全が疑われるときは、血液検査の結果を待たず、ただちに、静脈あるいは筋肉注射でヒドロコルチゾンを補充します。
急性副腎不全を放置すれば、ショック状態に陥り、非常に危険な状態に至ります。

現在よく使用されている副腎皮質ホルモン製剤は、プレドニゾロン、ベタメタゾン、コートリルですが、幅広い作用があり、さまざまな症状の治療に使用されています。

①副腎皮質ホルモン剤の最大の特徴は、強力な抗炎症作用です。
各種の炎症の治療に用いられますが、作用が強力である反面、副作用も避けられないため、他の薬では抑えられない炎症、確実に抑えないと生命にかかわるといった急を要する炎症などに使用されるのが原則です。

②血管を緻密にして出血を防ぐ止血作用があるので、止血剤としても使用されます。

③体の抵抗力を増大させ、体に加わったストレスをはねのける蘇生作用があるので、大怪我、手術、大出血などでショック状態におちいったときの蘇生剤としても使用されます。
また、手術などは体にとって大きなストレスですから、体の抵抗力をつけることを目的として手術の前後に使用されます。

④体に備わっている免疫作用を低下させる免疫抑制作用があるので、臓器移植時に拒否反応を抑える目的で使用することもあります。

⑤血液中の好酸球という白血球の一種を減少させる抗好酸球作用があるので、好酸球が異常に増えてしまう白血病の治療剤としても使用されます。

⑥副腎皮質ホルモンが欠乏しているために起こるアジソン病、下垂体機能低下症、急性副腎不全などに対して、副腎皮質ホルモンを補う目的で使用されています。

急性副腎皮質不全における後遺障害のキモ？

1）交通事故では、肝損傷、腎臓破裂、副腎損傷となる複合損傷が予想されます。
その結果として、急性副腎皮質不全を発症したとしても、副腎皮質ホルモン製剤の投与で改善が得られたときは、後遺障害は問題となりません。

2）しかし、吐き気や腹痛、嘔吐、発熱、関節痛、食欲不振、急激な血圧の変化、衰弱、悪寒、発疹、心拍数が高く不安定などの症状が続き、改善が得られず、副腎機能検査で異常が認められ、副腎皮質ホルモン剤の継続的投与が続くときは、検査結果と症状を後遺障害診断書にまとめ、後遺障害を申請することになります。

一定の改善が得られており、今すぐ後遺障害の申請が不要なときでも、将来の可能性については、「副腎機能障害が発現したる際は、甲乙間で別途協議するものとする。」この文言を、示談書に表記しておく必要があります。

51 男性生殖器

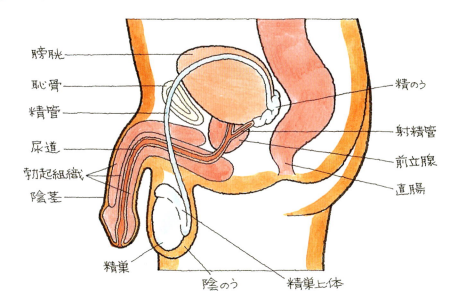

男性の生殖器は、精巣＝睾丸、精巣上体＝副睾丸、精管、精嚢、前立腺、尿道球腺、陰茎、陰嚢で成り立っています。

交通事故で想定される生殖器の外傷としては、
1) 陰嚢と精巣の外傷
陰嚢は外傷を受けやすい位置にあり、交通事故では、強打することで発生しています。
精巣＝睾丸の外傷は突然激しい痛みを引き起こし、吐き気や嘔吐を伴います。
単なる打撲で、精巣が破裂していなければ、安静と局所の冷却で、腫脹や内出血は自然に改善していきますが、出血が多く血腫が大きいとき、皮膚の傷を伴うときは、細菌感染の可能性が予想されるので、皮膚を一部切開してドレーン管を挿入、感染予防のために抗生剤を内服します。
損傷が激しく、精巣が激しく破裂していれば、摘出することになります。

触診、超音波検査などにより、精巣そのものの損傷の有無を診断します。
尿道、膀胱、精索、骨などの周囲の臓器の損傷の有無は、CTや造影検査が行われます。

2) 尿道外傷
陰茎内の尿が通る管＝尿道の外傷は、組織が瘢痕化して尿の流れが妨げられることがあります。
尿道外傷は、交通事故では、自転車やバイクと自動車の衝突で、股間を強く打ちつけることで発生しています。

3) 陰茎挫傷
自転車やバイクの交通事故では、陰茎をすりむいた程度の挫傷が発生しています。
患部を清潔に保持すれば、改善が得られます。
交通事故よりも、ジッパーで陰茎を挟むことで発症しています。

4) 陰茎折症

● 腹部の障害

勃起しているときに、強い外力が陰茎に働くことにより、陰茎海綿体＝白膜に亀裂、裂傷が生じたもので、緊急的なオペで、白膜の縫合と、オペ後の勃起の抑制で改善が得られます。
交通事故では想定されていない外傷ですが、保険調査員時代に、1例のみを経験しています。

5）陰茎の切断
バイクの交通事故で、ガードレールに激突するなどで、陰茎が部分的または全体的に切断されることが、稀ではありますが、発生しています。
切断された陰茎の再接合は可能ですが、感覚や機能の完全回復は困難とされています。

男性の生殖器外傷による後遺障害のキモ？

生殖器外傷に伴う後遺障害については、以下の3つに分類されています。
1）生殖機能を完全に喪失したもの、
2）生殖機能に著しい障害を残すもの、
3）生殖機能に軽微な障害を残すもの、

1）生殖機能を完全に喪失したものでは、7級13号、7級相当が認定されています。
①両側の睾丸を失ったものは7級13号、

②常態として精液中に精子が存在しないものは7級相当、
これは、男性で3.5グレイ以上の大量の放射線被曝を前提としたもので、交通事故では、全く、想定されていません。

※グレイ、Gy
吸収線量の単位で、治療を行わずに放置すると、3グレイ以上の被曝で死亡に至ります。
放射線は、ヒトのDNAを破壊し、それによりヒトは細胞分裂ができなくなり死亡するのです。
精子や卵子を形成する細胞が被曝すると死滅しますが、男性では、3.5～6グレイで、女性では、2.5～6グレイで永久不妊となると報告されています。

2）生殖機能に著しい障害を残すもの、
生殖機能は残存しているが、通常の性交では、生殖を行うことができないものを言い、①陰茎の欠損、②勃起障害、③射精障害の3つに分類され、それぞれ9級17号が認定されています。

①陰茎の大部分を欠損したもの＝陰茎を膣に挿入できないと認められるものは9級17号、

②勃起障害を残すもの、以下のいずれにも該当するものは9級17号、
夜間睡眠時に十分な勃起が認められないことがリジスキャンRによる夜間陰茎勃起検査により証明されており、

支配神経の損傷など勃起障害の原因となる所見が、会陰部の知覚、肛門括約筋のトーヌスおよび球海綿反射筋反射による神経系検査、プロスタグランジンE1海綿体注射による各種の血管系検査、以下の検

査のいずれかにより立証されていることが、認定の要件です。

会陰部の知覚

肛門括約筋の随意収縮

球海綿体筋反射

※会陰部の知覚
会陰部とは、俗に蟻の門渡りと呼ばれる外陰部と肛門の間に位置していますが、肛門の周囲を針で刺して痛みがあれば正常とされています。

※肛門括約筋の随意収縮
肛門に指を挿入、肛門収縮があれば正常とされています。

※球海綿体筋反射
肛門に指を挿入し、亀頭や陰核をつかみます。
肛門が収縮すれば正常、亢進すれば脳・脊髄に、消失すれば末梢神経の障害が予想されます。

③射精障害を残すもの、次のいずれかに該当するものは、9級17号、
尿道または射精管が断裂していること、
両側の下腹神経の断裂により当該神経の機能が失われていること、
膀胱頚部の機能が失われていること、

3）生殖機能に軽微な障害を残すもの
通常の性交を行えるが、生殖機能にわずかな障害を残すもので13級相当となります。

※1側の睾丸を失ったもの、亡失に準じる程度の萎縮を含みます。

上記をまとめます。

男性の生殖器障害	
7級5号	両側の睾丸を失ったもの、 常態として精液中に精子が存在しないもの、
9級17号	陰茎の大部分を欠損したもの、 勃起障害を残すもの、 射精障害を残すもの、
13級11号	1側の睾丸を失ったもの、

④特殊例

Q　私の夫が、バイクを運転中の事故で、陰茎の大部分を欠損、さらに、射精管が断裂し、修復不能で射精障害も認められるのですが、本件では、なん級が認定されるのでしょうか？

●腹部の障害

A　陰茎の大部分の欠損は9級17号、射精障害も9級17号です。
等級は準用され、準用8級が認定されます。

Q　私の夫ですが、5年前に右精巣癌により、右の睾丸を切除しており、今回の交通事故で、左の睾丸を切除、結果として両側の睾丸を失ったのですが、認定される等級をお教えください。

本件は加重障害の対象となります。
つまり、両側の睾丸を失ったものとして7級5号が認定され、損害賠償額の計算では、1側の睾丸を失ったものとしての13級11号分が差し引かれることになります。

Q　両側の睾丸を失い、7級13号、さらに、器質的な原因で勃起障害、9級16号を残しました。
認定される等級をお教えください。

生殖器の障害のみを残すもので、生殖機能を完全に喪失したものに該当するときは、その他の生殖機能の障害に該当するときでも、7級相当で止まります。本件では7級相当が最上位等級となります。

52　女性生殖器

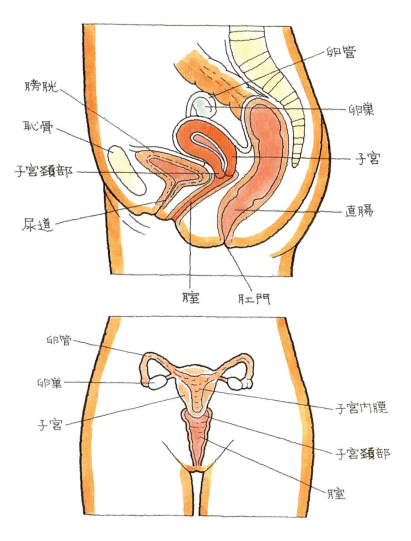

165

女性の内性器は、膣、子宮、卵管、卵巣で構成されています。

膣は、性交時では、精子が放出される部位ですが、出産時には胎児が出ていく経路、産道の一部となります。子宮は、受精卵が胚から胎児へと成長していく部位であり、卵管は、精子が卵子と出合い、ここで受精が起こります。卵巣は、卵子が作られ、放出される臓器です。

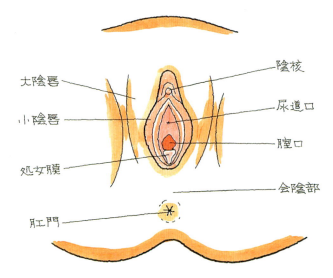

女性の外性器は、恥丘、大陰唇、小陰唇、バルトリン腺、クリトリス＝陰核などで構成されています。外性器は、精子が体内に入るのを可能にし、感染性の微生物から内性器を保護し、性的な快感を与えるなど3つの機能を担っています。

交通事故で想定される女性生殖器の外傷としては、

男性に比較すれば、圧倒的に少数例ですが、自転車やバイクの転倒事故による外陰部の打撲、骨盤の多発外傷による卵巣の破裂、卵管に閉塞や癒着を残すもの、子宮頚管に閉塞を残すもの、子宮を失ったものが発生しています。

女性の生殖器外傷による後遺障害のキモ？

男性と女性の生殖器には、性差が大きいものの、発生的には同じ原基から作られており、男女生殖器の各部の間には相同関係が認められています。

※相同
生物の器官で、相異なる形態と働きを示していますが、発生起源が同一であるときの相互の関係を相同と呼んでいます。例えば、卵巣と精巣は、相同関係にあります。

そこで、男性と同じく、生殖器外傷に伴う後遺障害については、以下の4つに分類されています。
1）生殖機能を完全に喪失したもの、
2）生殖機能に著しい障害を残すもの、
3）生殖機能に障害を残すもの、
4）生殖機能に軽微な障害を残すもの、

1）生殖機能を完全に喪失したものは、準用7級相当が認定されています。

①両側の卵巣を失ったものは7級相当、

②常態として卵子が形成されないものは7級相当
これは、女性で2.5グレイ以上の大量の放射線被爆を前提としたもので、交通事故では、全く、想定されていません。

2）生殖機能に著しい障害を残すものは9級17号が認定されています。
①瘢痕による膣口狭窄で男性器の挿入が困難であると医師が認めるものは9級17号、

②両側の卵管の閉塞、頚管の閉塞、または子宮の亡失を画像所見で立証すれば、9級17号、

ここに大きな疑問が生じます。
交通事故で子宮の全摘術となると、その女性は、将来、妊娠・出産することはできなくなります。
事実上、生殖機能を完全に喪失したものに該当するのです。
もっとも、卵巣が残っていれば、そこから卵子を拾い上げ、夫の精子と顕微鏡下に受精させ、他の健康な女性の子宮に移せば、夫婦間の子どもを手にすることはできます。
では、その高額な費用は、加害者側の保険屋さんに請求できるのでしょうか？
完全な弁護士マターですが、この損害賠償請求は、あり得ることなのです。

9級17号の認定で済ますことができることではありません。
もちろん、7級相当が認定されたとしても、納得できるものではありません。

3）生殖機能に障害を残すものは、11級10号が認定されます。

比較的狭骨盤、または狭骨盤であると医師により認められるものは、11級10号、

交通事故外傷により骨盤骨折となると、骨盤の変形により産道が狭窄することが予想されます。
妊娠の機能には問題がないものの、産道が一定程度以下に狭窄すると、経膣分娩＝正常分娩が困難となり、帝王切開の対応が必要になります。

交通事故外傷により、骨盤骨が変形をきたしたときは、その他の体幹骨の著しい変形障害で12級5号が認定されることがあります。生殖器の障害とその他の体幹骨の障害は、同一の原因によるものであり、いずれか上位の等級、本件では11級10号で認定されることになります。

比較的狭骨盤とは、産科的真結合線10.5cm未満9.5cm以上、入口部横径11.5cm未満10.5cm以上、
狭骨盤とは、産科的真結合線9.5cm未満、入り口部横径10.5cm未満のいずれかの要件を満たすものを言います。

4）生殖機能に軽微な障害を残すもの
通常の性交を行えるが、生殖機能にわずかな障害を残すもので13級相当が認定されます。

①1側の卵巣を失ったもの

②外性器の外傷後の瘢痕による膣口狭窄により、男性器の挿入が困難ではないものの、膣口に残る瘢痕により性交時に疼痛が生じるときは、受傷部位の疼痛として、14級9号、12級13号が認定されています。

上記をまとめます。

女性の生殖器障害	
7級5号	両側の卵巣を失ったもの、 常態として卵子が形成されないもの、
9級11号	膣口狭窄を残すもの、 (陰茎を膣に挿入することができないと認められるものに限る、) 両側の卵管の閉鎖または癒着を残すもの、頚管に閉鎖を残すものまたは子宮を失ったもの、 (画像所見により、認められるものに限られる、)
11級10号	比較的狭骨盤または狭骨盤が認められるもの、
13級11号	1側の卵巣を失ったもの、
14級9号 or 12級13号	膣口狭窄により、男性器の挿入が困難ではないものの、膣口に残る瘢痕により性交時に疼痛が生じるもの、

婦人科学会では、女性の性機能障害を、以下の4つに分類しています。
①性欲減退、
②性興奮障害、
③女性極致感障害、
④性交痛、
⑤膣痙攣、

ところが、自賠責や労災保険では、生殖機能の障害に限定して等級の認定が行われています。
例えば、40代後半ともなれば、平均的には、男女とも生殖活動を終えています。
実際の夫婦生活では、性欲、性的興奮や極致感の障害が深刻なものとなっているのです。
これらの障害は、自覚症状が中心であり、立証の難しさはありますが、「幾つになっても、生殖能力？」では、損害の実態に迫れません。
これらは、弁護士マターですが、弁護士の奮闘を願うものです。

※**極致感**
日本では、イクー、アメリカでは、カムと表現されています。

男女をまとめます。

男女の生殖器障害	
7級5号	両側の睾丸を失ったもの、 両側の卵巣を失ったもの、 常態として精液中に精子が存在しないもの、 常態として卵子が形成されないもの、

●腹部の障害

9級11号	陰茎の大部分を欠損したもの＝陰茎を膣に挿入できないと認められるもの、 勃起障害を残すもの、 射精障害を残すもの、 膣口狭窄を残すもの＝陰茎を膣に挿入することができないと認められるもの、 両側の卵管の閉鎖または癒着を残すもの、頚管に閉鎖を残すものまたは子宮を失ったもの＝画像所見により、認められるものに限る、
11級10号	比較的狭骨盤または狭骨盤が認められるもの、
13級11号	1側の睾丸を失ったもの、 1側の卵巣を失ったもの、
14級9号 or 12級13号	膣口狭窄により、男性器の挿入が困難ではないものの、膣口に残る瘢痕により性交時に疼痛が生じるもの、

総もくじ

交通事故後遺障害の等級獲得のために 〈別巻〉

後遺障害とはなにか？
1 後遺症と後遺障害？
2 いつ、申請できるの？
3 どこが、等級を認定するの？
4 申請は、保険屋さんにお任せする事前認定か、それとも被害者請求か？
5 後遺障害診断書には、なにを書いてもらえばいいの？
6 問題点　医師は後遺障害を知らない？
7 問題点　後遺障害診断書は、一人歩きする？
8 問題点　後遺障害を損害賠償で捉えると？
9 交通事故110番からのご提案
10 弁護士の選び方、法律事務所なら、どこでもいいのか、Boo弁？

等級認定の3原則
1 後遺障害等級認定における準則とは？
2 後遺障害等級認定における序列とは？
3 後遺障害等級認定における併合とは？
4 後遺障害等級における相当とは？
5 後遺障害等級における加重とは？
6 後遺障害等級表

関節の機能障害の評価方法および関節可動域の測定要領
1 関節可動域の測定要領
2 各論　部位別機能障害

精神・神経系統の障害 〈Ⅰ巻〉
1 背骨の仕組み
2 外傷性頚部症候群
3 外傷性頚部症候群の神経症状について
4 バレ・リュー症候群と耳鳴り、その他の障害について？
5 腰部捻挫・外傷性腰部症候群？
6 外傷性腰部症候群の神経症状？
7 腰椎横突起骨折
8 上腕神経叢麻痺
9 中心性頚髄損傷
10 環軸椎脱臼・亜脱臼
11 上位頚髄損傷　C1/2/3
12 横隔膜ペーシング
13 脊髄損傷
14 脊髄不全損傷＝非骨傷性頚髄損傷
15 脊髄の前角障害、前根障害
16 脊髄の後角障害、後根障害
17 バーナー症候群
18 脊髄空洞症
19 頚椎症性脊髄症？
20 後縦靭帯骨化症　OPLL
21 腰部脊柱管狭窄症？
22 椎骨脳底動脈血行不全症
23 腰椎分離・すべり症
24 胸郭出口症候群
25 頚肩腕症候群　肩凝り・ムチウチ
26 複合性局所疼痛症候群　CRPS
27 低髄液圧症候群＝脳脊髄液減少症＝CSFH
28 軽度脳外傷　MTBI
29 梨状筋症候群
30 線維筋痛症
31 仙腸関節機能不全　AKA
32 過換気症候群

頭部外傷・高次脳機能障害 〈Ⅰ巻〉
1 頭部外傷　頭部の構造と仕組み
2 頭部外傷　高次脳機能障害認定の3要件
3 頭部外傷　左下顎骨骨折、左頬骨骨折、左側頭葉脳挫傷
4 頭部外傷　左側頭骨骨折・脳挫傷
5 頭部外傷　急性硬膜外血腫
6 頭部外傷　前頭骨陥没骨折、外傷性てんかん
7 頭部外傷　びまん性軸索損傷　diffuse axonal injury：DAI
8 頭部外傷　脳挫傷＋対角線上脳挫傷＝対側損傷
9 頭部外傷　外傷性くも膜下出血
10 頭部外傷　外傷性脳室出血
11 頭部外傷　急性硬膜下血腫
12 頭部外傷　慢性硬膜下血腫
13 頭部外傷　脳挫傷＋頭蓋底骨折＋急性硬膜下血腫＋外傷性くも膜下出血＋びまん性軸索損傷
14 高次脳機能障害チェックリスト

眼の障害 〈Ⅰ巻〉
1 眼の仕組みと後遺障害について
2 眼瞼＝まぶたの外傷
3 外傷性眼瞼下垂
4 動眼神経麻痺
5 ホルネル症候群
6 外転神経麻痺
7 滑車神経麻痺
8 球結膜下出血
9 角膜上皮剥離
10 角膜穿孔外傷
11 前房出血
12 外傷性散瞳
13 涙小管断裂
14 外傷性虹彩炎
15 虹彩離断
16 水晶体亜脱臼
17 水晶体脱臼、無水晶体眼
18 外傷性白内障
19 眼窩底破裂骨折
20 視神経管骨折
21 硝子体出血
22 外傷性網膜剥離
23 網膜振盪症
24 外傷性黄斑円孔
25 眼底出血　網膜出血・脈絡膜出血
26 眼球破裂
27 続発性緑内障

耳・鼻・口・醜状障害 〈Ⅱ巻〉

耳の障害
1 耳の構造
2 外耳の外傷・耳介血腫
3 耳介裂創
4 耳垂裂
5 耳鳴り
6 外傷性鼓膜穿孔
7 流行性耳下腺炎
8 側頭骨骨折
9 頭蓋底骨折
10 騒音性難聴
11 音響性外傷

鼻の障害
1 鼻の構造と仕組み
2 鼻骨骨折
3 鼻篩骨骨折
4 鼻軟骨損傷
5 鼻欠損
6 嗅覚脱失

口の障害
1　口の構造と仕組み
2　顔面骨折・9つの分類
3　頬骨骨折・頬骨体部骨折
4　頬骨弓骨折
5　眼窩底骨折
6　上顎骨骨折
7　下顎骨骨折
8　味覚脱失
9　嚥下障害
10　言語の機能障害　反回神経麻痺
11　特殊例・気管カニューレ抜去困難症

醜状の障害
1　醜状障害

上肢の障害　〈Ⅱ巻〉

肩・上腕の障害
1　上腕神経叢麻痺
2　肩関節の仕組み
3　鎖骨骨折
4　肩鎖関節脱臼
5　胸鎖関節脱臼
6　肩腱板断裂
7　腱板疎部損傷
8　肩甲骨骨折
9　SLAP損傷＝上方肩関節唇損傷
10　肩関節脱臼
11　反復性肩関節脱臼
12　肩関節周囲炎
13　変形性肩関節症
14　上腕骨近位端骨折
15　上腕骨骨幹部骨折
16　上腕骨遠位端骨折
　（1）上腕骨顆上骨折　（2）上腕骨外顆骨折
17　フォルクマン拘縮

肘・前腕の障害
18　テニス肘　上腕骨外側上顆炎、上腕骨内側上顆炎
19　肘関節と手関節、橈骨と尺骨の仕組み
20　肘関節脱臼
21　肘頭骨折
22　尺骨鉤状突起骨折
23　変形性肘関節症
24　右肘内側側副靭帯損傷？
25　橈・尺骨骨幹部骨折
26　橈骨頭・頚部骨折
27　モンテジア骨折
28　ガレアッチ骨折
29　橈骨遠位端骨折、コーレス骨折、スミス骨折
30　バートン骨折
31　ショーファー骨折＝橈骨茎状突起骨折
32　尺骨茎状突起骨折

神経麻痺の障害
33　肘部管症候群
34　正中神経麻痺
35　前骨間神経麻痺
36　手根管症候群
37　橈骨神経麻痺
38　後骨間神経麻痺
39　尺骨神経麻痺
40　ギヨン管症候群
41　ズディック骨萎縮　Sudeck骨萎縮

手・手根骨・手指の障害
42　手の仕組み
43　右手首の腱鞘炎と前腕部の炎症
　（1）ド・ケルバン病　（2）ばね指
44　手根骨の骨折　有鉤骨骨折
45　手根骨の骨折　有頭骨骨折
46　手根骨の骨折　舟状骨骨折
47　手根骨の骨折　月状骨脱臼
48　手根骨の骨折　舟状・月状骨間解離
49　手根骨の骨折　三角・月状骨間解離
50　キーンベック病＝月状骨軟化症
51　手根骨の骨折　手根不安定症
52　手根骨骨折のまとめ
53　手根骨の骨折　TFCC損傷
54　手指の各関節の側副靭帯損傷
　　親指MP関節尺側側副靭帯の損傷＝スキーヤーズサム
55　手指伸筋腱損傷
56　手指の伸筋腱脱臼
57　手指の屈筋腱損傷
58　手指の脱臼と骨折　中手骨頚部骨折
59　手指の脱臼と骨折　中手骨基底部骨折
60　手指の脱臼と骨折　中手骨骨幹部骨折
61　手指の脱臼と骨折　ボクサー骨折
62　手指の脱臼と骨折　PIP関節脱臼骨折
63　手指の脱臼と骨折　マレットフィンガー＝槌指
64　手指の脱臼と骨折　親指CM関節脱臼
65　クロスフィンガー
66　突き指のいろいろ
67　手指の靭帯・腱損傷および骨折における後遺障害のキモ
68　参考までに、手指の欠損について

下肢の障害　〈Ⅲ巻〉

骨盤骨の障害
1　骨盤骨　骨盤の仕組み
2　骨盤骨折・軽症例
　（1）腸骨翼骨折　（2）恥骨骨折・坐骨骨折　（3）尾骨骨折
3　骨盤骨折・重症例
　（1）　ストラドル骨折、マルゲーニュ骨折
　（2）恥骨結合離開・仙腸関節脱臼
4　骨盤骨折に伴う出血性ショック　内腸骨動脈損傷

股関節の障害
5　股関節の仕組み
6　股関節後方脱臼・骨折
7　股関節中心性脱臼
8　外傷性骨化性筋炎
9　変形性股関節症
10　ステム周囲骨折
11　股関節唇損傷
12　腸腰筋の出血、腸腰筋挫傷

大腿骨の障害
13　大腿骨頚部骨折
14　大腿骨転子部・転子下骨折
15　大腿骨骨幹部骨折
16　大腿骨顆部骨折
17　梨状筋症候群

膝・下腿骨の障害
18　膝関節の仕組み
19　膝関節内骨折　脛骨顆部骨折
　　脛骨近位端骨折、脛骨高原骨折、プラトー骨折
20　脛骨と腓骨の働き、腓骨って役目を果たしているの？
21　脛骨顆間隆起骨折
22　膝蓋骨骨折？
23　膝蓋骨脱臼
24　膝蓋骨骨軟骨骨折・スリーブ骨折
25　膝離断性骨軟骨炎
26　膝蓋前滑液包炎
27　膝窩動脈損傷？
28　腓骨骨折
29　脛・腓骨骨幹部開放性骨折
30　下腿のコンパートメント症候群
31　変形性膝関節症？
32　腓腹筋断裂　肉離れ
33　肉離れ、筋違いと捻挫、腸腰筋の出血、腸腰筋挫傷

34 半月板損傷

靭帯損傷の障害
35 ACL前十字靭帯損傷
36 PCL後十字靭帯損傷
37 MCL内側側副靭帯損傷
38 LCL外側側副靭帯損傷
39 PLS膝関節後外側支持機構の損傷
40 複合靭帯損傷

神経麻痺の障害
41 座骨・腓骨・脛骨神経麻痺って、なに？
42 坐骨神経麻痺
43 脛骨神経麻痺
44 腓骨神経麻痺
45 深腓骨神経麻痺＝前足根管症候群
46 浅腓骨神経麻痺
47 仙髄神経麻痺

足の障害
48 足の構造と仕組み
49 右腓骨遠位端線損傷
50 右足関節果部骨折
51 足関節果部脱臼骨折、コットン骨折
52 アキレス腱断裂
53 アキレス腱滑液包炎
54 足関節不安定症
55 足関節に伴う靭帯損傷のまとめ
56 足関節離断性骨軟骨炎
57 右腓骨筋腱周囲炎
58 変形性足関節症
59 足の構造と仕組み
60 足根骨の骨折　外傷性内反足
61 足根骨の骨折　距骨骨折
62 足根骨の骨折　右踵骨不顕性骨折
63 足根骨の骨折　踵骨骨折
64 足根骨の骨折　距骨骨軟骨損傷
65 足根骨の骨折　足根管症候群
66 足根骨の骨折　足底腱膜断裂
67 足根骨の骨折　足底腱膜炎
68 モートン病、MORTON病
69 足根洞症候群
70 足根骨の骨折　ショパール関節脱臼骨折
71 足根骨の骨折　リスフラン関節脱臼骨折
72 足根骨の骨折　リスフラン靭帯損傷
73 足根骨の骨折　第1楔状骨骨折
74 足根骨の骨折　舟状骨骨折
75 足根骨の骨折　有痛性外脛骨
76 足根骨の骨折　舟状骨裂離骨折
77 足根骨の骨折　立方骨圧迫骨折＝くるみ割り骨折
78 足根骨の骨折　二分靭帯損傷
79 足根骨の骨折　踵骨前方突起骨折

足趾の障害
80 足趾の骨折　基節骨骨折
81 足趾の骨折　中足骨骨折
82 足趾の骨折　第5中足骨基底部骨折＝下駄骨折
83 足趾の骨折　ジョーンズ骨折、Jones骨折＝第5中足骨骨幹端部骨折
84 足趾の骨折　種子骨骨折
85 下腿骨の切断、足趾の切断

脊柱・その他の体幹骨の障害　〈Ⅳ巻〉

脊柱の骨折
1 骨折の分類
2 脊柱の圧迫骨折
3 脊柱の圧迫骨折　プロレベル1
4 脊柱の圧迫骨折　プロレベル2
5 脊柱の破裂骨折

その他の体幹骨の骨折
6 肋骨骨折
7 肋骨多発骨折の重症例　外傷性血胸
8 肋骨多発骨折の重症例　フレイルチェスト、Flail Chest、動揺胸郭
9 鎖骨骨折
10 肩鎖関節脱臼
11 胸鎖関節脱臼
12 肩甲骨骨折
13 骨盤骨　骨盤の仕組み
14 骨盤骨折・軽症例
15 骨盤骨折・重症例

胸腹部臓器の障害　〈Ⅳ巻〉

胸部の障害
1 胸腹部臓器の外傷と後遺障害について
2 呼吸器の仕組み
3 肺挫傷
4 皮下気腫、縦隔気腫
5 気管・気管支断裂
6 食道の仕組み
7 外傷性食道破裂
8 咽頭外傷
9 横隔膜の仕組み
10 外傷性横隔膜破裂・ヘルニア
11 心臓の仕組み
12 心膜損傷、心膜炎
13 冠動脈の裂傷
14 心挫傷、心筋挫傷
15 心臓・弁の仕組み
16 心臓・弁の損傷
17 大動脈について
18 外傷性大動脈解離
19 心肺停止
20 過換気症候群
21 肺血栓塞栓
22 肺脂肪塞栓
23 外傷性胸部圧迫症

腹部の障害
24 腹部臓器の外傷
25 実質臓器・肝損傷
26 実質臓器・胆嚢損傷
27 胆嚢破裂
28 管腔臓器・肝外胆管損傷
29 実質臓器・膵臓損傷
30 実質臓器・脾臓
31 管腔臓器・胃
32 外傷性胃破裂
33 管腔臓器・小腸
34 管腔臓器・小腸穿孔
35 管腔臓器・大腸
36 大腸穿孔・破裂
37 腹壁瘢痕ヘルニア
38 腹膜・腸間膜の外傷
39 実質臓器・腎臓
40 腎挫傷、腎裂傷、腎破裂、腎茎断裂
41 尿管・膀胱・尿道
42 尿管外傷
43 膀胱の外傷
44 尿道外傷
45 外傷性尿道狭窄症
46 神経因性膀胱
47 尿崩症
48 脊髄損傷
49 実質臓器・副腎の損傷
50 急性副腎皮質不全
51 男性生殖器
52 女性生殖器

実際に等級を獲得した後遺障害診断書の分類

精神・神経系統の障害
1 頚部捻挫 14 級ドラフト
2 頚部捻挫 12 級ドラフト
3 腰部捻挫 14 級ドラフト
4 腰部捻挫 12 級ドラフト
5 頚椎捻挫、嗅覚障害、耳鳴り
6 中心性頚髄損傷
7 軸椎骨折
8 頚髄損傷、C5/6 頚椎亜脱臼、椎骨動脈損傷、左前額部挫創、脳梗塞

頭部外傷・高次脳機能障害
9 右前頭葉脳挫傷、外傷性くも膜下出血、高次脳機能障害

耳・鼻・口・醜状障害
10 右頬骨骨折、頚椎捻挫
11 頬骨弓骨折、顔面擦過創、外傷後色素沈着、左大腿骨骨幹部骨折、恥・坐骨骨折

上肢の障害
12 左鎖骨骨幹部骨折、左脛骨高原骨折
13 右鎖骨・肩甲骨骨折、右肋骨多発骨折、右橈・尺骨骨折、血気胸
14 左橈骨遠位端骨折
15 右尺骨茎状突起骨折、右橈骨遠位端粉砕骨折、左親指中手骨骨折

下肢の障害
16 右寛骨臼骨折
17 右寛骨臼骨折、右寛骨異所性骨化、鼻部打撲・創傷
18 右大腿骨骨幹部骨折、大腿骨の短縮障害
19 右大腿骨骨折、右膝蓋骨骨折、右後十字靭帯損傷
20 左膝内側側副靭帯損傷、外傷性頚部症候群
21 右腓骨神経麻痺、右下腿コンパートメント症候群
22 右脛・腓骨近位端部開放骨折、術後 MRSA 感染
23 右足関節コットン骨折
24 右脛腓骨骨折、右足関節脱臼骨折、右第 2・4 趾中足骨骨折、右足根骨骨折
25 右踵骨開放骨折
26 左下腿切断、両足デグロービング損傷、右中足骨骨折、右下腿皮膚欠損・創、右肘頭骨折

脊柱・その他の体幹骨の障害
27　L1 圧迫骨折
28　第5腰椎破裂骨折、馬尾神経損傷、左脛・腓骨骨折、右リスフラン関節脱臼骨折

胸腹部臓器の障害
29　仙骨骨折、恥骨骨折、骨盤骨折、左前額部醜状瘢痕、右膝肥厚性瘢痕と外傷性刺青、左膝瘢痕
30　左精巣損傷、右肩腱板断裂

〈交通事故相談サイト jiko110.com のご案内〉

交通事故 110 番は、被害者の 1 日も早い社会復帰と、実利の獲得を目標としています。

7000 ページを超える圧倒的なコンテンツの情報発信で、交通事故外傷と後遺障害に迫ります。
ホームページによる情報発信と無料相談メールの NPO 活動は、10 年目に突入します。

「加害者や保険屋さんに誠意を求めるのは、
八百屋さんで魚を買い求めるに等しい！」
と一刀両断に斬り捨てています。

被害者は、実利の獲得に向けて、
Study & Stand Together！
学習して、共に立ち上がるのです。そのための支援は惜しみません。
詳しくは、以下のサイトをご覧ください。
URL　http://www.jiko110.com

jiko110.com「交通事故 110 番」

住　所　〒520-0246　滋賀県大津市仰木の里 6 丁目 11-8
ＴＥＬ　077-571-0600　　　ＦＡＸ　077-571-6155
ＵＲＬ　http://www.jiko110.com　　　メール　info@jiko110.com
責任者　宮尾　一郎

イラスト　齋藤　徹

交通事故外傷と後遺障害全322大辞典Ⅳ
脊柱・その他の体幹骨の障害／胸腹部臓器の障害

2016年11月15日　初刷発行

著　者　Ⓒ宮尾　一郎
発行者　竹　村　正　治

発行所　株式会社かもがわ出版
　　　　〒602-8119　京都市上京区堀川通出水西入
　　　　TEL 075(432)2868　FAX 075(432)2869　振替01010-5-12436
　　　　ホームページ　http://www.kamogawa.co.jp/
印　刷　シナノ書籍印刷株式会社

ISBN978-4-7803-0870-9　C3332

著作権者　NPO jiko110.com「交通事故110番」
Ⓒ 7/may/2009 NPO jiko110.com Printed in Japan
本書は著作権上の保護を受けています。本書の一部あるいは全部について、NPO jiko110.comから文書による承諾を受けずにいかなる方法においても無断で複写、複製することは禁じられています。